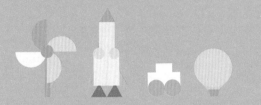

编写名单

主　编　吴邵萍

副主编　徐　蓓　马　岚

编写人员　吴晓春　孙可欣　顾婷婷

　　　　　　孙海清　徐　蓓　马　岚

0—3岁
婴幼儿课程

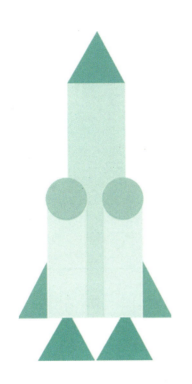

7-12
MONTHS
PARENT-CHILD
CURRICULUM

7—12个月
亲子课程

吴邵萍　主编

南京师范大学出版社

图书在版编目(CIP)数据

0—3 岁婴幼儿课程. 7—12 个月亲子课程 / 吴邵萍主编.
南京：南京师范大学出版社，2024.8.
ISBN 978-7-5651-6331-9

Ⅰ. G613

中国国家版本馆 CIP 数据核字第 2024HD0886 号

0—3 岁婴幼儿课程
7—12 个月亲子课程

主　　编	吴邵萍	
策划编辑	张　莉	
责任编辑	张　莉	
出版发行	南京师范大学出版社	
地　　址	江苏省南京市玄武区后宰门西村 9 号(邮编:210016)	
电　　话	(025)83598919(总编办)　83598412　83598312(营销部)	
网　　址	http://press. njnu. edu. cn	
电子信箱	nspzbb@njnu. edu. cn	
照　　排	南京开卷文化传媒有限公司	
印　　刷	江苏凤凰通达印刷有限公司	
开　　本	787 毫米×1092 毫米　1/16	
印　　张	6	
字　　数	124 千	
版　　次	2024 年 8 月第 1 版	
印　　次	2024 年 8 月第 1 次印刷	
书　　号	ISBN 978-7-5651-6331-9	
定　　价	38.00 元	

出 版 人　张　鹏

序

　　我园自 1992 年开始研究托班教育,并在 2006 年出版了《托班课程教师用书》上下册第一版,可称为我园 0—3 岁婴幼儿教育研究的 1.0 时代;1997 年起,在省规划重点课题的引领下,我们又不断将 0—3 岁婴幼儿的教育研究向下延伸至 7 个月,并在 2013 年出版了《0—6 岁儿童一体化亲子课程》,可称为我园 0—3 岁婴幼儿教育研究的 2.0 时代;2015 年起,我们又展开了深化"自主、融通"开放性园本课程的研究,并在 2018 年出版了《2—3 岁开放性区域活动指导》和《不可逆的 0—3 岁亲子课程》,可称为我园 0—3 岁婴幼儿教育研究的 3.0 时代;本套丛书(《7—12 个月亲子课程》《13—18 个月亲子课程》《19—24 个月亲子课程》《25—30 个月托育课程》、《31—36 个月托育课程》,以及托班课程两册阅读材料和操作单)是我园 1992 年至今研究 0—3 岁亲子课程和托班课程 32 年的又一成果,可称为我园 0—3 岁婴幼儿教育研究的 4.0 时代。在这 32 年的实践研究过程中,我们始终做到四个坚持。

　　1. 坚持"把培养 0—3 岁儿童身体、认知、语言、情感与社会性等各方面和谐发展的'完整的儿童'作为根本任务"[①]。在编制和实施婴幼儿亲子课程和托育课程时,我们重视课程结构的均衡性、综合性,努力做到将婴幼儿的经验和生活整体地联系,关注到各种学科知识之间的联系和一体性。课程内容包含了动作、语言、认知、情感与社会性等,我们将各领域最基本、最重要的发展任务和内容进行了一体化横向整合,不断将其深化和具体化,使其更具有可操作性,更方便教师们使用。我们在 7—24 个月的亲子课程设计与组织实施中采用主题整合课程。我们的每一次亲子课程活动都是以一个具体主题有机整合各领域学习内容。虽然每次课程主

---

　　① 吴邵萍.0—6 岁儿童一体化亲子课程教师用书[M].上海:华东师范大学出版社,2013:3.

题名称不同,或以图画书的名称呈现,或以玩具的名称呈现,或以材料呈现,或以教曲名称呈现……但是,无论是什么主题,在一次课程中必然整合了身体、认知、语言、情感与社会性等学习内容,保障每次课程活动都指向儿童的全面发展。25—36个月的托育课程则是以两周一个主题有机整合各领域学习内容来落实全面发展。①

2. 坚持"从0—6岁儿童发展连续性的一体化视角整体构建亲子课程"。我们将婴幼儿终身可持续发展的素养从0岁起落地。如,学习的自主感,从7个月开始的亲子课程,我们就在每次的固定环节中安排了婴幼儿15分钟的自主游戏时间,让婴幼儿自主决定选择喜欢的玩具,选择在哪儿玩、怎么玩、玩多长时间等,呵护婴幼儿的主体性和积极性,激发自我成长的潜能。当然,我们也通过此环节帮助家长认识到,儿童自主性是天性需要,作为成人要给予儿童自选的机会,发展儿童的自主性。同时,我们也让家长认识到:儿童的独立性是相对的,仍然需要家长的陪伴和指导。再如,每一次亲子课程中教师都采用让婴幼儿自主探索在前,教师示范演示在后的方式,从7个月婴儿的第一次亲子课程就开始实施,并贯穿于每一次亲子活动的全环节及整个婴幼儿亲子课程和托育课程。

3. 坚持对儿童指导和对家长指导整合性的一体化视角构建亲子课程。亲子课程既是婴幼儿游戏和学习的活动,也是家长学习育儿的活动。因此,亲子课程要确保婴幼儿和家长都能从中获得成长和进步。我们通过教案文本双维结构、课程实施环节双维指导落实家长培训和儿童发展的一体化。为了给予家长持续的、反复运用的有效资源的支持,不断改善家长育儿观念和行为的策略,保障0—3岁一体化亲子课程真正循序渐进地推进家长发展,始终陪伴家长的成长,并保障儿童学习和家长培训的一体化。第一,明确亲子课程备课、教案构成和文本必须指向儿童和家长两个维度。通过教师备课、具体的活动教案,使每一次亲子课程都成为家长学习培训的教材,使家长获得持续的支持,在每次活动中都能获得建议和指导。我们将亲子课程教案分成左右两栏。左边的活动目标和活动内容指向儿童的发展,右边的活动目标和内容指向家长的发展。第二,明确课程实施的每一环节必须指向儿

---

① 吴邵萍.0—6岁儿童一体化亲子课程[M].上海:华东师范大学出版社,2013:3.

童和家长两个维度。在实施课程时,教师不仅在实施前要向家长介绍亲子活动大环节的安排和每一个环节对儿童的教育作用,还要帮助家长了解每一个环节活动的价值。在每个环节儿童学习之前,都必须先告知家长此环节对于儿童的发展价值是什么,发展状态可能是怎样的,并帮助家长明确从哪些方面去观察儿童。在儿童学习之后,教师告知家长儿童每个行为表现对应的发展状态是怎样的,面对这样的发展状态,家长可以做什么、怎么做,不应该做什么……在第二次上课时教师要通过儿童的行为反馈、分析家长在家里哪些行为是有所改变的,让家长体会到自己改变和儿童改变之间的关系,逐步帮助家长即使脱离了教师,依然能够指导儿童朝正确方向去发展。[①]

4. 坚持以实践研究为本,努力建构0—3岁本土化、体系化、具有可操作性的亲子课程。我们立足一线实践者的需求,依据中国婴幼儿生活特点、文化特点等,依据婴幼儿月龄特点来设计、实施和评价亲子课程。我们不仅使用具有中国文化特点的儿歌、图画书、音乐和歌曲,具有中国特色的婴幼儿玩具、材料和游戏,而且坚持设计的每一个活动都不断地经过实践检验,反复验证、不断改进,使其更加适合各个月龄婴幼儿发展需求,不断推进每个发展阶段婴幼儿的充分发展、全面发展。本书中的每一个活动都是经历过三轮以上的反复实践验证,经过不同层次教师实施后反思改进的成果。我们期望以此作为培训教师的指导,使其在使用的过程中,熟悉并逐步掌握0—3岁婴幼儿身心发展的特点和教育规律,成为教师设计实施亲子课程和托育课程的支架,使教师在此基础上,关注本地、本班婴幼儿学习的差异性,根据自身特点形成适合于自己的0—3岁婴幼儿亲子课程和托育课程。

本书在坚持以上四个原则的基础上紧密结合国家最新文件的理念,全面落实《托育机构质量评估标准》的精神。主要体现在以下四个方面。

一是婴幼儿的月龄要求和评价指标、托育课程的主题目标和每一个活动目标都是对应《托育机构质量评估标准》"动作、认知、语言、情感"四个领域来描述婴幼儿的学习和发展的。婴幼儿的发展是整体的,同一活动往往涉及若干相关经验,我们以关键经验整合多领域发展设计活动,让每一次亲子课程、每一个活动都有目

---

① 吴邵萍.0—6岁儿童一体化亲子课程教师用书[M].上海:华东师范大学出版社,2013:7-8.

的、有计划、循序渐进地涵盖了"动作、认知、语言、情感"四个领域的关键经验，为婴幼儿提供全面的发展支持，以确保婴幼儿在全面和谐的环境中学习和成长。

二是在全面支持婴幼儿发展的前提下，凸显了"利用机会和婴幼儿共读图书、共念儿歌、促进婴幼儿的语言发展"。不仅强化每次亲子活动中全环节、全方位的伴随式语言学习，在每次亲子活动中都设有明确的语言学习的目标，还结合婴幼儿学习语言的特点，根据每次认知活动中实物的特点，创编了相对应的儿歌，在课程中增加了大量的教师和婴幼儿、家长和婴幼儿、教师和家长之间的多向互动环节，并将共读图书、共念儿歌、促进婴幼儿的语言发展延伸至家庭之中，全空间、全时段地促进婴幼儿的语言发展。

三是重视环境和操作材料对婴幼儿的发展支持。"为婴幼儿提供丰富的感知环境和操作材料，引导和支持婴幼儿利用视、听、触、嗅等各种感觉器官探索感知，获得丰富的直接经验。"感官学习在婴幼儿时期占有举足轻重的地位。它不仅是婴幼儿认知发展的基础，还对他们的情感、社交和身体发展起到积极的推动作用。因此，我们充分关注婴幼儿的感官学习需求，为他们提供丰富多样的感官刺激玩具材料，依据婴幼儿各方面的发展需求，循序渐进地、有针对性地提供支持。我们按照不同月龄儿童的生理基础和发展需要设计了推进大小肌肉动作循序渐进发展的多项系列活动。如，小肌肉练习活动有：粘贴系列、插拔动作系列、套挂系列、舀球系列、撕纸系列……而舀球系列按照舀球工具、操作难度和舀球环境的不同又分为：用大汤勺舀海洋球、水中舀球、用奶粉勺舀球、舀球大赛……①

四是"根据婴幼儿月龄特点和发展水平，提供自我照料的机会，鼓励婴幼儿发展生活自理能力""鼓励婴幼儿尝试完成力所能及的任务，使婴幼儿感受自己的能力，增强自信心和自主性"。我们在7个月的第一次亲子课程中，就将让婴幼儿自己收拾自己使用过的每一样玩具材料的理念传达给家长，并让参加活动的家长由开始的自己示范并讲解给自己的孩子看和听，到逐渐发展到带领自己的孩子一起收拾，当孩子能走时，我们就通过语言指导他们自己收拾，直至帮助他们养成主动收拾的习惯。我们将这一理念贯穿于整个亲子课程和托育课程，帮助家长建立婴幼

---

① 吴邵萍.0—6岁儿童一体化亲子课程教师用书[M].上海：华东师范大学出版社，2013：6.

儿是能胜任力所能及任务的观念,让婴幼儿不断感受到自己的能力,发展他们的自信心和自主性。

另,本书运用了国家卫生健康委办公厅 2022 年 11 月印发的《3 岁以下婴幼儿健康养育照护指南(试行)》中"养育人"的提法,凸显"对婴幼儿进行良好的养育照护和健康管理是实现儿童早期发展的重要举措""父母是婴幼儿的养育照护和健康管理的第一责任人",将过去的"家长目标"改为"养育人目标",将过去的"家长关注要点"改为"养育人关注要点"。

本丛书的编写框架结构为:

《7—12 个月亲子课程》是每周一节亲子活动,共有 24 个活动。整本书是按照 3 个月为一个阶段写的,由 7—9 个月亲子活动和 10—12 个月亲子活动,以及 0—3 岁托育机构各种相关规章制度三部分组成。7—9 个月部分主要由 7—9 个月教养活动与要求、7—9 个月亲子活动固定流程,以及每个月具体的亲子活动组成;10—12 个月部分主要由 10—12 个月教养活动与要求、10—12 个月亲子活动固定流程以及每个月具体的亲子活动组成;第三部分是规范开办 0—3 岁托育机构的各项规章制度和规范细则,它包含卫生保健、一日生活作息制度、家长工作制度、教师培训制度等 20 个制度。该部分给大家提供借鉴,最大限度地满足当下 0—3 岁托育机构一线教师的需求。

《13—18 个月亲子课程》是每周两节亲子活动,共有 48 个活动。整本书是按照 6 个月为一个阶段写的,由 13—18 个月教养活动与要求、13—18 个月亲子活动固定流程,以及每个月具体的亲子活动组成。

《19—24 个月亲子课程》也是每周两节亲子活动,共有 48 个活动。整本书也是按照 6 个月为一个阶段写的,由 19—24 个月教养内容与要求、19—24 个月亲子活动固定流程,以及每个月具体的亲子活动组成。

《25—30 个月托育课程》《31—36 个月托育课程》则是按照每两周一个主题编排,每本书是 10 个主题。每个主题由周工作计划、主题说明、主题目标、教学活动设计组成。其中每个主题都有一个亲子活动,延续 7—24 个月的亲子课程对家长的持续指导。

多年来,南京市北京东路小学附属幼儿园的全体教师始终充满热情地参与课程编制、实践及整理总结的全程,付出了辛勤的劳动,贡献了自己的智慧。

在 7—36 个月亲子课程和托育课程的建构过程中,我们得到了诸多专家教授的指导和帮助。尤其是南京师范大学的许卓娅教授、孔起英教授、张俊教授,自课程建构起至今,长期持续地在课程理论和课程实践方面给予我们指导,使我们的课程得以不断地向前推进。在此感谢他们对我们的帮助和指导。

本丛书是我的团队自 2018 年 1 月由华东师范大学出版社出版《不可逆的 0—3 岁亲子课程》七年后的又一成果,但由于我们水平所限,书中难免有表达不够清晰或不够妥当之处,恳请大家予以批评指正。

吴邵萍

南京市北京东路小学附属幼儿园

2024 年 6 月 5 日

目录

7—9个月教养内容与要求

7—9个月的宝宝运动能力迅速发展,从躺着到坐着,从翻滚到爬行,每个动作都会不厌其烦地反复操作。

宝宝还会尝试牙牙学语,发出两个到三个音节。听到大人说某物,宝宝开始会用手指或眼看物的方向。

在认知方面,宝宝开始建立"客体的永存性"的概念,还对因果关系感兴趣,探究自己的行动所产生的结果,观察成人的反应和行为。

除此之外,情感方面宝宝更加依恋妈妈或主要养育人,有些宝宝对陌生人则会产生不安的情绪,表现出谨慎的态度。

 动作

1. 开始匍匐挪动。
2. 独坐自如。
3. 能拨弄桌上的小东西,会将物品从一只手换到另一只手。

语言

1. 开始反复发出"Ma-Ma""Ba-Ba"等元音和辅音,但无所指。
2. 听到熟悉的声音时会发声回应或者转头。
3. 在特定的情景下,将成人的动作和语音相匹配。

认知

1. 能分辨出熟悉的生活环境,在生活中会用较长的时间来审视物体。
2. 通过用嘴咬、触摸来探索物品。
3. 寻找隐藏起来的东西,如拿掉玩具上的盖布。

情感与社会性

1. 喜欢与人玩重复的游戏,如拍手、再见、藏猫猫等,交流情感。

2. 接受熟悉的成人的拥抱,愿意伸手。

3. 兴奋地观察同龄人,可能向着其他宝宝方向发出声音。

7—9个月亲子活动固定流程

一、接待时光

（一）接待

教师热情地迎接宝宝，根据宝宝的接纳程度与宝宝抱一抱、拉拉手、笑一笑。

（二）自选游戏

1. 玩具摆放在地毯上，鼓励宝宝坐一坐或者趴一趴、看一看。养育人可以将宝宝关注的玩具摆放在宝宝能够到的位置。

2. 建议养育人和宝宝面对面用玩具进行互动游戏，教师关注宝宝的探究方法和探究兴趣。

（三）收放玩具

1. 教师播放音乐《虫儿飞》，引导养育人带领宝宝听到音乐后开始将地毯上的玩具收放回玩具箱中。

2. 建议养育人每次收放一件玩具，养育人观察、鼓励宝宝有意识地观看收放玩具的动作。

二、问候时光：笑脸小鼓

1. 教师出示玩具"笑脸小鼓"，引导宝宝观察教师操作，感知用手摸一摸会让"笑脸小鼓"发出笑声。

（"笑脸小鼓"也可用手摇铃代替）

2. 教师走近宝宝，利用"笑脸小鼓"逐一逗引每个宝宝轮流摸一摸"笑脸小鼓"，其他养育人引导宝宝看向发声的"笑脸小鼓"处。

3. 教师引导养育人在宝宝摸摸"笑脸小鼓"后，向大家介绍宝宝的乳名，大家拍手表示欢迎。

养育人关注要点：

☞养育人抱着宝宝，面对教师，引导宝宝和教师打招呼，引导宝宝观察、尝试接纳陌生面孔。

☞养育人和宝宝一起玩玩具，熟悉环境、材料，减少宝宝的认生反应。

☞养育人有意识地让宝宝观看教师收玩具的过程，为今后养成良好的收玩具习惯打下基础。

☞宝宝感兴趣的话，养育人可以抓握宝宝的手，尝试做出抓、放玩具的动作。

☞养育人引导宝宝循声看人，关注发声的方向，关注他人。

三、韵律时光:抱着宝宝去散步(播放《海琼斯小夜曲》)

1. 教师引导养育人抱着宝宝按逆时针方向站圆圈,做好跟随音乐散步的准备。

2. 教师播放《海琼斯小夜曲》,抱着仿真娃娃走在前面,养育人抱着宝宝跟随,在教师语言、动作的提示下,养育人带领宝宝被动感知转圈、摇晃、下蹲、站起等散步动作。

四、温馨时光:详见具体活动

五、运动时光:详见具体活动

六、道别时光

1. 身体抚触操《快乐的农夫》。

教师带领养育人有规律地随乐抚触宝宝的身体,引导养育人与宝宝有眼神、语言交流。

2. 教师边唱《再见歌》边做动作,与养育人、宝宝道别。

> ✍ 养育人在教师的带领下,抱着宝宝,通过围圆圈听音乐行走安抚宝宝的情绪,感受音乐节奏,增强亲子间的感情。

> ✍ 养育人注意倾听音乐,尽量跟随音乐节奏抚触宝宝。初步了解每一个动作的价值,并按照教师语言和动作的提示,轻柔地抚触宝宝的身体,帮助宝宝放松肌肉。

> ✍ 养育人握住宝宝的双手随乐摆动,与教师及其他宝宝说再见。

活动 材料

笑脸小鼓

仿真娃娃

歌曲

再见歌

1= C 2/4　　　　　　　　词/曲　佚名

<u>1 1</u>　<u>1 3</u> | 5 3 | 6 4 | 5 3 |
挥 挥　手 说　再 见、　再 见、　再 见,

<u>1 1</u>　<u>1 3</u> | 5 3 | 4 2 | 1 — ‖
挥 挥　手 说　再 见,　说 再　见!

7 个月

活动一：小手小脚

 宝宝目标

1. 在成人的引导下，观察养育人把彩色的袜子套在小手上，尝试自己把彩色袜子拿下来，刺激视觉与触觉的发育。

2. 听到成人说"拿下来""拉下来""拽下来"等词语，能有动作变化进行回应。

活动准备

1. 人手一份材料：彩色薄袜子、厚袜子，摇铃。

2. 仿真娃娃，装袜子、装摇铃的筐各 1 个。

活动过程

一、接待时光 ⎫

二、问候时光 ⎬ 详见 7—9 个月亲子活动固定流程

三、韵律时光 ⎭

四、温馨时光

1. 初步认识小手和袜子。

（1）教师边抚触仿真娃娃的小手，边用语言介绍手。

教师：手、手，这是小手，宝宝的小手。

养育人模仿教师的动作与宝宝互动。

（2）出示袜子,引导宝宝用手抓抓、捏捏。

教师边做动作边说:抓一抓、摸一摸,软软的、软软的。

2. 将袜子藏起来,宝宝根据露出来的线索进行寻找。

将袜子藏于手心或者袖口,引导宝宝将袜子找出来。

3. 游戏“小手藏起来”。

（1）教师表演将袜子套在仿真娃娃的手上,小手“不见了”的过程。

（2）教师走近宝宝,引导宝宝将仿真娃娃手上的袜子拽下来。

（3）教师在宝宝面前重复表演将袜子拽下来的动作,语言配合说出“拽下来”。

（4）养育人和宝宝一对一互动游戏。

养育人帮助宝宝在手上套上袜子,宝宝尝试自己把袜子拽下来。

4. 游戏“小脚变出来”。

（1）按照与“小手藏起来”同样的方法,养育人给宝宝脚上套上袜子,引导宝宝主动把脚上的袜子拽下来。

（2）养育人用厚薄不同的袜子反复与宝宝互动游戏。

五、运动时光:推推小脚丫

1. 宝宝趴下,养育人在宝宝身后将手放在宝宝的脚掌上。

2. 教师在前面用摇铃逗引,鼓励宝宝向前爬行。

3. 养育人根据宝宝的反应,用手推宝宝脚掌辅助用力,帮助宝宝前进。宝宝在向前蹬脚的时候,养育人轻声配合念儿歌:脚丫脚丫,蹬蹬;妈妈妈妈,推推;宝宝宝,爬爬。

4. 游戏结束后,养育人引导宝宝将摇铃交还给教师。

六、道别时光:详见 7—9 个月亲子活动固定流程

> ☞观察宝宝有无有目的地寻找袜子。

> ☞当宝宝没有目的地寻找袜子时,养育人可以将袜子拿出来在宝宝的视线下进行藏匿,激发宝宝寻找的乐趣。

> ☞养育人在宝宝拽袜子的同时,重复说“拿下来”“拉下来”“拽下来”,帮助宝宝理解动作和语言之间的联系。

> ☞养育人在宝宝拽袜子的同时,引导宝宝的两只手都试一试做动作,锻炼小手力量。

> ☞此月龄的宝宝正处于爬行的关键期,爬行可以有效地帮助宝宝获得更多的肌肉力量,促进身体协调发展。

活动材料

袜子、筐

摇铃

活动二：转转转

 宝宝目标

1. 在成人的逗引下，感受气球变大或变小的现象。

2. 观察成人的表情、动作和声音，感受气球的好玩和有趣。

 活动准备

人手一份材料：气球皮 1 个，打气筒 1 个，充好气的大气球 1 个。

活动过程

一、接待时光
二、问候时光 } 详见 **7—9 个月**亲子活动固定流程
三、韵律时光
四、温馨时光

1. 教师手心藏气球皮，让宝宝寻找，激发其好奇心。

（1）请宝宝逐一掰开教师手指找出、拿到气球皮。

> **养育人目标：**
> 1. 带领宝宝关注眼前事物的一些变化，在玩气球的时候仔细观察宝宝的反应。
> 2. 用夸张的声音和表情描述表现气球的变化，使宝宝感到有趣。

> **养育人关注要点：**
> ☞气球是宝宝常见的玩具，能变大或变小，可以激发宝宝兴趣。

7

（2）宝宝拉一拉、扯一扯气球皮，感受弹性。

2. 用打气筒给气球打气，引导宝宝感受气球变大、变小的现象。

（1）教师出示打气筒和气球皮：我要把气球变大。

（2）教师操作打气筒对着气球打气：看！气球变大了！

（3）教师用夸张的动作，慢慢、轻轻地放掉气球里面的气。

教师：气球变小了！

3. 养育人和宝宝互动，人手一份材料，面对宝宝给气球皮充气，引导宝宝发现气球的明显变化。

4. 教师再次给气球打气，然后松手放掉气球，引导宝宝寻找放气后的气球皮。

（1）引导宝宝眼睛追视、寻找落下的气球皮，并尝试捡起来。

（2）教师：气球要飞啦！气球到哪里去啦？

五、运动时光：气球玩玩

1. 教师出示打好气的大气球，引导养育人一边扶住宝宝的手，抱一抱、摸一摸气球，一边告诉宝宝：气球大大的。

2. 教师与一组养育人、宝宝配合，边示范边讲解"顶气球"的游戏玩法。

（1）玩法：养育人抱宝宝俯卧在自己的臂弯里，教师将气球扔向上空，养育人前后晃动宝宝，辅助其用头去顶气球，鼓励宝宝有目的地抬头。

（2）养育人带领宝宝和教师互动游戏。

3. 教师用仿真娃娃配合，边示范边讲解"气球拍拍"的游戏玩法。

（1）教师将娃娃竖立抱在胸前，用娃娃的手、脚、头顶部位接触气球，尽量将气球往上空拍，鼓励宝宝有目的地抬头。

（2）每组养育人、宝宝一个气球，养育人模仿教师的动作，带领宝宝和气球互动，用身体各部位向上拍打气球。

六、道别时光：详见 7—9 个月亲子活动固定流程

☞养育人观察宝宝是否关注气球大小的变化。宝宝关注气球变大时养育人可以重复"变大"，气球变小时重复"变小"，帮助宝宝建立语言和现象的联系。

☞宝宝不关注球的变化时，养育人可将气球口对着宝宝脸、耳朵、脖子、手等部位，慢慢松手放气，让宝宝感受气流，吸引宝宝关注气球。

☞养育人松开气球时用夸张的语言、动作和表情逗引宝宝，带动宝宝感受游戏的快乐。

☞养育人抱着宝宝向前顶球，训练宝宝的前庭平衡能力。养育人平时多带宝宝做转圈的运动，有助于降低宝宝日后晕车的概率。

打气筒、气球皮

活动三：罐子玩玩

 宝宝目标

1. 在成人的引导下，学习伸手拿出罐子中的玩具。

2. 面对成人的语言"拿"，能够有动作回应。

养育人目标：
1. 鼓励宝宝通过探索环境，感知玩具在罐子里面。
2. 用动作和语言提示宝宝将手伸进罐子内，将玩具拿出。

活动准备

1. 人手一份材料：高 20 厘米的透明塑料罐子 1 个；装满颜色水的塑料饮料瓶 4 个。

2. 透明大口罐子 3 个：均装入回力汽车、毛球、塑料发声玩具等（每种物品数量多于宝宝人数）。

活动过程

一、接待时光 ⎫
二、问候时光 ⎬ 详见 7—9 个月亲子活动固定流程
三、韵律时光 ⎪
四、温馨时光 ⎭

1. 教师逐一出示玩具，进行表演，激发宝宝的兴趣。

养育人关注要点：
☞用不同的玩具促进宝宝不同方面的发展，毛球软软发展触觉，小车行驶锻炼追视，发声玩具练习听觉。

（1）教师出示毛球，引导宝宝摸一摸毛球。

教师：球，球，毛球。捏一捏，软软的、毛毛的。

（2）教师出示回力汽车，引导宝宝观察小车行驶。

教师：小汽车，小汽车，往回拉一下，向前跑喽。

（3）教师出示塑料发声玩具，捏一捏，请宝宝听听声音。

（4）养育人和宝宝互动，引导其从教师的罐子里拿出玩具，探索玩法。

（5）反复游戏，每次拿不同的玩具，玩好放回罐子里。

2. 教师边讲解边示范"罐子玩玩"的游戏玩法。

（1）教师出示罐子，引导宝宝认识罐身和罐口。

教师：这是罐子，罐子有长长的身体（罐身），还有一个"大嘴巴"（罐口）。

（2）教师单手伸入罐中，引导宝宝观察教师的动作。

教师：老师的手伸进罐子的"大嘴巴"喽！看看老师的手在哪里呀？

（3）教师将自己面前不同的玩具分别放入罐中，引导宝宝倾听每个玩具放入罐中的不同声音。

教师：听听看，××放进罐子里有什么样的声音？

3. 养育人和宝宝人手一份材料操作，教师进行指导。

4. 宝宝将玩好的玩具放进罐子里，送还给教师。

五、运动时光：踢瓶子

1. 教师出示装满颜色水的塑料饮料瓶，引导养育人和宝宝认识游戏材料。

2. 教师用仿真娃娃示范游戏玩法，引导养育人和宝宝观察。

（1）教师：宝宝要来踢瓶子喽！

（2）玩法：教师双手托住娃娃的腋下，让娃娃的脚悬空，前后晃动娃娃的身体，使娃娃的脚碰倒瓶子，边晃动边说"1，2，3，踢"。

3. 每个宝宝有4个瓶子，养育人带领宝宝玩踢瓶子游戏。

☞观察宝宝是否愿意伸手向密闭的空间探索。

☞宝宝不愿拿取时，养育人可先将手伸进罐子中拿取，降低宝宝的不安感。

☞宝宝大胆向罐子中拿取物品时，养育人可松手引导宝宝双手配合拿取罐子底部的玩具。宝宝重复操作拿出玩具这一动作时，养育人可重复说"拿"，帮助宝宝建立语言和动作的联系。

☞养育人前后摇晃宝宝的身体，可以进一步发展宝宝的前庭平衡能力，锻炼宝宝的胆量，同时让宝宝通过脚步动作进一步感知、认识自己的小脚。

（1）教师巡回观察，养育人带领宝宝踢倒、扶起瓶子，反复游戏。

（2）养育人带领宝宝将瓶子拿起，放回教师处。

六、道别时光：详见 7—9 个月亲子活动固定流程

活动 材料

装有玩具的罐子

活动四：青蛙呱呱

 宝宝目标

1. 愿意配合成人戴上腕铃，跟随儿歌和音乐被动地做律动游戏。

2. 在成人唱到"呱"的声音时，宝宝能感受声音和动作的趣味性。

 活动准备

1. 人手一份材料：腕铃。

2. 音乐《小青蛙》，大彩虹伞 1 顶。

养育人目标：

1. 观察宝宝对音乐、声音的反应，是否愿意倾听、寻找音乐的来源，配合做律动。

2. 养育人唱"呱"时，举起宝宝在膝盖上颠起，引导宝宝感受音乐的趣味性。

活动过程

一、接待时光 ⎫
二、问候时光 ⎬ 详见7—9个月亲子活动固定流程
三、韵律时光 ⎭

四、温馨时光

1. 教师用腕铃和宝宝互动,激发宝宝的兴趣。

（1）教师出示腕铃,引导养育人和宝宝认识腕铃。

教师:这是腕铃,腕铃有一根长长的带子,带子上面有铃铛。

教师边示范边讲解:腕铃可以戴在手腕上,摇一摇,有声音。

（2）教师拿下腕铃,将腕铃粘合成圈,依次走到宝宝的面前,透过腕铃中间的圈看宝宝,逗引宝宝和老师互动。

教师:从洞洞里看见××喽!

（3）教师在不同方位摇响腕铃,鼓励宝宝扭头寻找腕铃。

2. 教师引导养育人带领宝宝玩"小青蛙"节奏游戏。

（1）宝宝人手一对腕铃,养育人将腕铃戴在宝宝的脚腕上。

（2）养育人在教师的示范下,将腕铃戴在宝宝的脚腕上,同时晃动宝宝的小脚:铃铃铃……停! 反复几次,让宝宝感知摇响腕铃的动作。

（3）跟着儿歌玩游戏。

宝宝坐在养育人的腿窝里,养育人双手握住宝宝的脚踝。教师边念儿歌边带领养育人做动作,引导宝宝做下肢运动。

节奏游戏玩法:配合儿歌节奏两只脚交替踏地,"呱"处双脚同时踏地。

（4）游戏结束后,养育人将腕铃拿下,交还给教师。

3. 教师引导养育人和宝宝一起玩音乐游戏"小青

养育人关注要点:

☞ 腕铃声音响亮清脆,是宝宝喜欢的声音。此月龄段的宝宝对手部控制还不够到位,腕铃的带子是软软的,更适合小月龄宝宝挥动摇奏。

☞ 观察宝宝是否愿意戴腕铃并在养育人的带领下随节奏做动作。

☞ 宝宝愿意被养育人拉着手时,养育人可以跟随节奏,教师念"跳跳",养育人接唱"呱呱"并晃动腕铃。

☞ 宝宝不愿意戴腕铃时,养育人可将腕铃脱下握在宝宝手心,宝宝自主抓握的同时,养育人带着宝宝手腕共同演奏,感受节奏。

☞ 养育人与宝宝互动的时候,要注意动作和歌词节奏的匹配,重复感受音乐的节奏、韵律和趣味性。

蛙",进一步帮助宝宝感知音乐节奏。

（1）教师放慢速度边唱歌边示范游戏玩法。

（2）教师慢速清唱,养育人带领宝宝学习游戏动作。

（3）随音乐《小青蛙》完整游戏,感受游戏节奏。

（4）养育人扶站宝宝,随乐游戏,感受跳跃的动作。

五、运动时光:小青蛙过彩虹隧道

（1）教师出示彩虹伞,引导宝宝认识彩虹伞。

教师:彩虹伞来啦！它上面有许多颜色。摸一摸,它是滑滑的。

（2）两位教师抖动彩虹伞,养育人抱着宝宝坐在彩虹伞下,宝宝仰卧在养育人的臂弯里。

教师:彩虹飞高啦,彩虹飞低啦,彩虹伞转起来咯！

（3）宝宝单独躺在彩虹伞下,教师和养育人舞动彩虹伞。

（4）教师和养育人将彩虹伞沿中间线抬起,形成隧道,鼓励宝宝爬过隧道。

六、道别时光:详见 7—9 个月亲子活动固定流程

> 📖 观察宝宝在彩虹伞下的反应,彩虹伞的颜色比较鲜艳,面积较大,对宝宝的冲击力较大。养育人用语言、动作安抚宝宝,鼓励其感受游戏的乐趣,锻炼胆量。

活动材料

腕铃

彩虹伞

小青蛙找家

1=♭E 2/4
天真地

词曲 王全仁
李嘉评

(5̲ 1̲ 5̲ 1̲ | 5̲ 1̲ 5̲ 1̲ | 3̲ 5̲ 2̲ 3̲ | 5̣ 5̣ 5̣ | 5̲ 1̲ 5̲ 1̲ | 5̲ 1̲ 5̲ 1̲ |

3̲ 5̲ 2̲ 3̣ | 1̣ 1̣ 0) | 3̲ 5̲ 2̲ 3̲ | 5 0 | 6̲ 5̲ 6̲ 3̲ | 5 0 |

几只小青蛙，呱！　要呀要回家，呱！

x x | x x | x x | x x | x x̲ x | x x̲ x |

跳 跳， 呱 呱！ 跳 跳， 呱 呱！ 跳 跳 跳， 呱 呱 呱！

x x̲ x | x x̲ x | 2̲ 3̲ 5̲ 6̲ | 3̲ 2̲3̲ | 1 - | x 0 ‖

跳 跳 跳 呱 呱 呱！ 小 青 蛙 回 到 了 家， 呱！

养育人坐下伸直双腿，扶住宝宝的腋下让其坐在自己腿上。念儿歌时，随歌曲晃动宝宝身体，每次"呱"时顶起膝盖再落下。最后一声"呱"时，把宝宝举高，快速放下，落在养育人的两腿间。

8个月

活动五：玩具找找

 宝宝目标

1. 在成人的逗引下，观察、发现玩具藏匿的位置，并找出来。

2. 通过成人表情和动作的引导，对"有"和"不见了"做出反应。

 活动准备

1. 人手一份材料：小筐、杯子、毛巾。

2. 回力汽车、塑胶小河马（会发声）、响声球各1个（可替换），儿歌《藏小脚》

 活动过程

一、接待时光 ⎫
二、问候时光 ⎬ 详见 **7—9 个月亲子活动固定流程**
三、韵律时光 ⎭
四、温馨时光

1. 教师边讲解边示范三种藏玩具、找玩具的方法，激发宝宝的兴趣。

（1）教师出示塑胶小河马和毛巾，用毛巾盖住小河马，引导宝宝找小河马。

教师：这是什么？毛巾。每个宝宝摸一摸毛巾，

养育人目标：
1. 观察宝宝打开毛巾、小筐、杯子找到玩具的方法、动作。
2. 用语言及动作鼓励、引导宝宝参与游戏。

养育人关注要点：
☞引导宝宝追视回力汽车，按一按软软的会有声音的塑胶小河马，根据声音寻找响声球……从视觉、触觉、听觉多感官促进宝宝发展。

15

软软的。

小河马玩藏猫猫!(用毛巾盖住塑胶小河马)小河马在哪里?

(2) 教师出示玩具汽车,引导宝宝玩找汽车游戏。

教师:滴滴叭叭,谁来了? 小汽车来了。

教师出示小筐,并用小筐盖住小汽车:小汽车没有喽,藏到哪里去了?

(3) 教师出示响声球和杯子,宝宝寻找响声球。

教师走近宝宝,摇响小球:小球,小球会响,摇一摇有声音。

教师出示套杯,并将套杯罩住响声球:小球没有喽,藏到哪里去了?

2. 教师出示毛巾、小筐、杯子与宝宝互动,养育人尝试理解藏匿玩具的层次要求。

(1) 教师:毛巾、小筐、杯子,这三样东西的遮挡层次是不一样的。毛巾是平面的,宝宝一只手抓就可以拿起来,找到玩具,相对而言比较简单;筐子有洞洞,可以看到物体的位置,但需要宝宝通过两只手的配合将筐子掀开,找到玩具;套杯是最难的,因为套杯是密闭的,宝宝看不见里面的东西,需要用两只手将套杯挪开,或者用一只手把套杯推开,才能找到玩具。

(2) 教师:养育人带着宝宝玩的时候,材料可以一样一样地出示,减少干扰。

3. 宝宝人手一份材料,养育人模仿教师的方法,和宝宝共同反复游戏。

4. 游戏完成后,养育人将材料归还给教师。

五、运动时光:藏小脚

1. 教师和仿真娃娃一同示范游戏,引导养育人和宝宝观察,熟悉游戏规则。

2. 教师带领养育人和宝宝一起做游戏。

(1) 养育人将宝宝面朝上平放在地上。

(2) 养育人用手抓住宝宝脚踝,边念儿歌《藏小脚》边配合动作将宝宝的两条腿竖起来翻跟头。

六、道别时光:详见 7—9 个月亲子活动固定流程

☞养育人观察宝宝是否愿意动手操作,寻找玩具。

☞宝宝不关注藏匿在遮盖物下面的玩具时,养育人可以当着宝宝面藏玩具,让宝宝看到玩具运动的路线,必要的时候可露出玩具的一角给宝宝看到。

☞宝宝能够准确找到玩具时,养育人可以将玩具用杯子盖住,通过快速移动位置,升级宝宝寻找的难度。

☞根据宝宝情况降低游戏难度,帮助宝宝建立物体永久性的概念,知道虽然物体看不见,但是仍然存在的。

☞宝宝倒立翻跟头可以加强宝宝的上肢力量,增强空间感知,激发勇气和胆量,获得快乐和满足感。

活动 材料

回力汽车、塑胶小河马、响声球

毛巾、小筐、杯子

儿歌 及玩法

藏小脚

一只脚,两只脚,(分别将两只小脚向额头靠近)

我有两只小胖脚,(将宝宝的腿在空中画圈)

左一只,右一只,(分别将两只小脚向额头靠近)

逗逗宝宝藏小脚!(养育人起立把宝宝提起来倒立、头部离开地面)

小脚小脚不见啦!(引导宝宝双手撑地后将宝宝轻轻放下,成俯卧状)

活动六：小车滑滑

 宝宝目标

1. 在成人的逗引下,将小车放在车道上,并观看小车运动的路线。

2. 在语言和动作的指导下,对玩具变化路线进行追视。

养育人目标：

1. 了解宝宝主动抓放动作的意识和视觉追踪能力。

2. 用语言和动作逗引宝宝观察小车位置的变化。

活动准备

人手一份材料:立体轨道车玩具。

 活动过程

一、接待时光
二、问候时光 详见 **7—9 个月**亲子活动固定流程
三、韵律时光
四、温馨时光

1. 教师出示小车,引起宝宝的注意。

（1）教师边拨动小车的轮子边说:这是小车,小车有轮子。

（2）教师给每个宝宝玩一次小车,让宝宝用手拨一拨车轮。

2. 教师出示车道,示范玩小车坐滑梯的游戏,引导宝宝和养育人观察游戏玩法。

（1）教师出示车道,顺着教师手指的方向引导宝宝认识车道。

教师:这是小车的滑滑梯,有 1,2,3,4,四条滑梯。

（2）教师示范抓、放小车,引导宝宝观察小车顺着车道滑下的现象。

教师:小车要坐滑滑梯喽！抓住小车,放在最上面的车道,呜……小车滑下来!

教师走近宝宝,逐一让宝宝抓、放一次小车。

3. 每个宝宝人手一份材料,养育人和宝宝一起玩小车过山坡的游戏。养育人根据宝宝的情况,引导宝宝关注小车下滑的路线。

4. 教师出示滑梯,引导宝宝扶站在滑梯两侧,将手中的小车放在滑梯上,松手放开小车,观察小车滑下滑梯。

（1）引导宝宝观察小车下滑的轨迹。

（2）宝宝在养育人的帮助下捡回小车,重复操作。

（3）了解宝宝主动抓放汽车的意识和视觉追踪能力。

养育人关注要点:

☞ 小车是生活中常见的玩具,可以在力的作用下向前行驶。宝宝尝试用手拨弄小车,观察小车带来的变化,感受动作和现象之间的联系。

☞ 观察宝宝是否追视小车滑下的路线,锻炼宝宝视觉追踪的能力。

☞ 宝宝能够追视小车,养育人可引导宝宝练习抓、放小车的动作,锻炼小手肌肉的灵活性。

☞ 当宝宝对小车关注度不够时,养育人可以在中途截停小车,吸引宝宝进行观察,再继续使小车下滑。

☞ 观察宝宝有没有主动抓放汽车的意识,引导宝宝做抓、放小车的动作,锻炼小手肌肉的灵活性。在宝宝放汽车时,养育人可重复说"放",建立语言和动作之间的联系。

五、运动时光:坐飞机

1. 教师边示范边讲解游戏玩法,引导养育人和宝宝观察教师的动作。

2. 教师和养育人一同边念儿歌,边带领宝宝玩游戏。

教师:今天我们要来玩"坐飞机"的游戏啦！每位养育人就是一架飞机,宝宝来坐飞机,我们要边念儿歌《坐飞机》边玩游戏,锻炼养育人腹部、手臂肌肉力量,引导宝宝感受亲子游戏趣味。

六、道别时光:详见 7—9 个月亲子活动固定流程

> 🕊 养育人随儿歌节奏上下晃动,发展宝宝的平衡能力的同时增进亲子感情。养育人需要观察宝宝情绪,根据宝宝状态调整游戏幅度。

活 动 材料

立体轨道车玩具

儿 歌 及玩法

坐飞机

坐飞机,坐飞机,我们坐飞机。

飞上去,飞上去,飞到白云里。

养育人坐姿双手握住宝宝手腕,宝宝坐在养育人的脚背上。

养育人跟随儿歌节奏屈膝向上抬脚,将宝宝有节奏地抬起。

歌曲最后一句时,养育人躺下,尽量伸直双腿,借助手臂的力量将宝宝向空中抬起。

活动七：刷刷刷

宝宝目标

1. 在成人的逗引下,愿意被刷子刷刷身体的不同部位,尝试接受各种不同的触感。

2. 愿意在成人语言提示下将刷子放进口径大小不同的罐子,在成人的协助下刷刷罐子。

活动准备

1. 人手一份材料:刷子(毛刷、硅胶刷、海绵刷)、拖拉小车。

2. 大开口的各种罐子(开口便于宝宝放进刷子刷扫,数量多于人数)。

活动过程

一、接待时光
二、问候时光 } 详见 7—9 个月亲子活动固定流程
三、韵律时光
四、温馨时光

1. 教师出示各种材质的刷子,激发宝宝的兴趣。

(1) 教师出示刷子,引导宝宝伸手触摸或抓握。

教师:宝宝看,这是刷子的"头发"。你来用手摸一摸。

教师:毛刷的头发摸起来痒痒的,硅胶刷的头发摸起来弹弹的,海绵刷的头发摸起来软软的。

(2) 教师用刷子轻刷自己的手部皮肤,并用动作和语言表现痒痒的感觉。

2. 教师引导养育人用多种方式趣玩刷子,宝宝每人一把刷子与养育人互动。

(1) 宝宝尝试用手抓握刷柄,在养育人和宝宝的身体各处刷一刷。

(2) 教师:刷子除了刷刷身体各个部位,还可以刷

养育人目标:

1. 为宝宝提供接触不同材料的机会,在宝宝身体各处的皮肤上刷刷,刺激宝宝触觉发育。

2. 在刷的同时注意重复"刷"这一动词,利用高频重复的词语,帮助宝宝做好语言准备。

养育人关注要点:

☞ 用毛刷、硅胶刷等不同的刷头,轻刷宝宝裸露的皮肤,刺激宝宝触觉发育。

☞ 养育人观察宝宝是否愿意接触不同材质的刷头。带宝宝多做触觉训练可以让宝宝更好地认识自己的身体,促进自我认知的发展。

☞ 观察宝宝愿意抓握刷子的把柄还是刷头。

☞ 宝宝愿意触摸刷头,养育人可引导宝宝左手给右手刷刷,右手给左手刷刷,引导宝宝做感觉统合训练。

哪里?

观察宝宝动作,引导其刷刷地、刷刷墙……左右手都试一试。

3. 教师出示罐子,引导宝宝将刷子伸进罐子里探索。

(1) 教师引导养育人说一说刷子平时在生活中可以干什么。

(2) 教师出示罐子,引导宝宝将刷子伸进罐子中。

教师:宝宝看,这里有各种各样的罐子,罐子有个"大嘴巴"。

请你把刷子伸进罐子里面刷一刷。

4. 养育人和宝宝各拿一把刷子玩一玩、刷一刷罐子的里面和外面。

5. 养育人和宝宝可多次交换不同的刷子进行游戏。

五、运动时光:拉小车

1. 教师出示拖拉小车。

2. 一位养育人与宝宝示范玩法。宝宝坐在小车上,养育人拉着走。

3. 人手一辆小车,亲子互动游戏。

4. 游戏结束后,养育人将小车停回指定位置。

六、道别时光:详见 7—9 个月亲子活动固定流程

> 宝宝排斥刷头时,养育人可以帮助宝宝刷一刷,还可以引导宝宝自己抓握刷子,刷刷自己的小手或者养育人的手。

> 观察宝宝能否手眼协调地将刷头伸进罐子里。养育人可用动作、语言引导其将刷子伸进罐子中。养育人在协助宝宝刷罐子时,重复"刷"这一动词。

> 此环节通过让宝宝坐小车锻炼宝宝的前庭平衡能力及胆量。初次玩,养育人拉小车速度慢一些,等宝宝适应了再逐渐加快速度,同时注意保障宝宝的安全。

8 个月

活动材料

各种刷子

大开口罐子

拖拉小车

21

活动八：跳吧！ 铃铛

 宝宝目标

1. 在成人的帮助下,初步感知拍击塑料袋铃铛会跳动、有声响的特性。

2. 在成人的引导下,理解"铃铃铃""叮当叮当"等铃铛的拟声词。

 活动准备

1. 人手一份材料:系绳铃铛、大塑料袋、一对宝宝能抓握住的透明塑料瓶(里面装有铃铛)、纱巾。

2. 彩虹伞1顶、纸盒2个。

3. 音乐《小铃铛》。

 活动过程

一、接待时光 ⎫
二、问候时光 ⎬ 详见 **7—9个月亲子活动固定流程**
三、韵律时光 ⎭

四、温馨时光

1. 教师出示两个纸盒,分别摇动,引导宝宝听纸盒里的声音。

(1) 教师:宝宝听,纸盒里有没有声音?

(2) 教师重复摇动有响声的纸盒:什么声音响?铃铃,铃铃铃。

(3) 教师拿出纸盒里的铃铛,拎住挂绳逗引宝宝单手抓住铃铛。

教师单手示范抓铃铛:伸出小手,对准铃铛,抓!

(4) 教师走近每个宝宝,依次让宝宝抓一个铃铛。

2. 宝宝人手一份材料,和养育人面对面坐着游戏。

(1) 提醒养育人注意铃铛不要离宝宝眼睛太近,晃动的幅度要适当,以让宝宝追视并能抓住为宜。

养育人目标:

1. 引导宝宝关注铃铛的运动路线。

2. 注意在宝宝玩铃铛的过程中配以拟声词,模拟铃铛声响。

养育人关注要点:

☞养育人在摇动纸盒引导宝宝听铃铛声音的过程中可配以拟声词"铃铃铃""叮当叮当"。

☞铃铛是适合小月龄宝宝的游戏材料,通过摇动铃铛,锻炼宝宝双眼的追视、双耳跟随后转动头部及手眼协调能力。养育人此时可以观察宝宝视线是否追随铃铛并能看准铃铛抓住。

（2）鼓励养育人用"抓到了""没抓到"等语言逗引宝宝，增加游戏的趣味性。

3. 养育人与宝宝自由探索铃铛的玩法。

教师：铃铛还可以怎么玩呢？爸爸妈妈说说看。

4. 教师出示装满空气扎紧袋口的塑料袋，示范双手向下拍使铃铛跳起来。

（1）教师边示范动作边讲解"跳吧！铃铛"的游戏玩法。

教师：袋子鼓鼓的，铃铛放上来，小手用力拍。

哦！铃铛跳高啦！

（2）宝宝人手一份材料，与养育人共同游戏。

（3）养育人带领宝宝还回铃铛，放进纸盒里。

5. 宝宝在养育人的帮助下，和教师一起听着音乐《小铃铛》摇一摇塑料瓶中的铃铛，感受音乐的节奏。

（1）宝宝人手一对装有铃铛的透明塑料瓶，自由探索，感受铃铛散响的特点。

教师：试一试怎样让小铃铛发出声音。

（2）播放音乐《小铃铛》，教师边唱边有节奏地摇动手中的塑料瓶。

（3）养育人盘腿坐，将宝宝放在自己腿上，并跟随音乐有节奏地晃动，让宝宝通过身体的颤动感受音乐的节奏。

五、运动时光：跳吧！铃铛

1. 教师出示用纱巾装多个铃铛并裹起来，放在彩虹伞的伞面上，养育人帮助宝宝坐在伞下。

2. 养育人半蹲抓住彩虹伞的伞边，配合教师抖动彩虹伞，使装有铃铛的纱巾袋跳起来。

教师：宝宝们快来看，彩虹伞上也有铃铛哦！听到铃铛的声音了吗？

3. 播放音乐《小铃铛》，养育人有节奏地抖动彩虹伞，教师带宝宝在伞底下感受铃铛发出的好听的声音。

六、道别时光：详见 7—9 个月亲子活动固定流程

☞铃铛玩法，如滚动，逗引宝宝追逐；藏在养育人衣袖里，让宝宝寻找等。

☞此动作可以引导宝宝感知因果关系，锻炼思维能力，知道拍塑料袋后，铃铛会向上"跳"起。养育人先拍给宝宝看，观察宝宝视线是否追随铃铛的运动轨迹。如果宝宝不能追视铃铛，可以让宝宝自己拍，养育人指着铃铛，引导宝宝关注铃铛的运动轨迹；如果宝宝是无意识地拍，养育人要有意识地说出铃铛的运动轨迹。

☞用纱巾将铃铛裹起来，大空间使得铃铛的声音更为集中，若无意间掉落也较柔软、安全。铃铛声音在上方，宝宝向上抬头，有助于锻炼颈部肌肉力量。

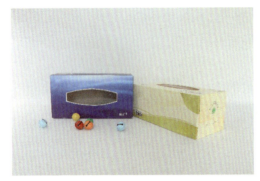

纸盒

装有铃铛的塑料瓶、系绳铃铛

9 个 月

活动九：藏猫猫

 宝宝目标

1. 愿意观察图画书的画面，在成人兴奋、有趣的动作、语言引导下理解"藏"的动作。

2. 在成人的引导下，尝试掀开衣服、毛毯等遮挡物寻找遮起来的人或物。

 活动准备

1. 人手一份材料：婴儿游戏绘本《藏猫猫》、纱巾。

2. 每家准备一件干净、轻薄的成人外衣带进活动室。

3. 滑梯、钻桶、布拱门等大型玩具。

 活动过程

一、接待时光

二、问候时光 〕详见 **7—9** 个月亲子活动固定流程

三、韵律时光

四、温馨时光

1. 教师讲述图画书，引导宝宝理解藏猫猫的游戏情境。

（1）教师声情并茂地讲述图画书。

教师：小狗球球藏猫猫，藏猫猫……

教师用手将书页翻下，"哇——"。

讲述至最后一页时，通过面具洞洞看宝宝，让宝宝

养育人目标：

1. 通过夸张的声音引导宝宝参与藏猫猫的游戏。

2. 养育人通过图画书的最后一页的洞洞面具与宝宝做游戏，感受藏猫猫游戏的乐趣。

养育人关注要点：

☞ 养育人抓握宝宝的双手做出将眼睛遮住，然后打开变出来的动作，对图画书进行模仿游戏。

25

进一步理解藏猫猫游戏。

（2）教师用双手捂住脸藏猫猫，打开双手变出来。

（3）教师走近每个宝宝，依次和宝宝玩藏猫猫的游戏。

（4）养育人和宝宝人手一本图画书，养育人与宝宝一起亲子阅读。

（5）养育人带领宝宝将图画书还给教师。

2. 教师出示纱巾，将自己藏起来，引导宝宝扯下纱巾将教师变出来。

（1）教师将纱巾盖在头上：藏猫猫，藏猫猫……

（2）宝宝扯下纱巾，教师表示惊讶："哇！"

（3）人手一条纱巾，养育人和宝宝面对面互动游戏。

（4）养育人带领宝宝将纱巾还给教师。

五、运动时光：藏猫猫

1. 养育人用外衣将自己盖起来，引导宝宝掀开、拉下外衣，找到自己。

2. 养育人相互交换外衣躲藏，重复玩"藏猫猫"游戏。

3. 教师在场地上摆放滑梯、钻桶、布拱门等较大型的玩具，养育人躲在其中呼喊宝宝，引导宝宝向前匍匐爬行、寻找自己。

六、道别时光：详见7—9个月亲子活动固定流程

☞观察宝宝是否理解藏猫猫的含义。

☞引导宝宝用手向下翻动图画书找到藏起来的小动物。

☞养育人可以将自己盖起来让宝宝找，还可以在宝宝愿意的情况下，将纱巾盖在宝宝的头上，鼓励宝宝自己将纱巾抓下来。

☞关注宝宝的爬行路线，用声音、动作吸引宝宝找到自己，感受"藏猫猫"游戏情境。关注养育人换了外衣后，宝宝是否还能找到。

藏猫猫

［日本］木村裕一 著　崔维燕 译

小狗球球藏猫猫，藏猫猫……

哇——

小鸟皮皮蒙眼睛，藏猫猫，藏猫猫……

哇——

咪咪用手挡住脸，藏猫猫，藏猫猫……

哇——

怪兽宝宝嗷呜叫，嗷呜、嗷呜、嗷呜……

哇——

宝宝优优捂脸脸，藏猫猫，藏猫猫……

哇——

妈妈，妈妈捂住脸，藏猫猫，藏猫猫……

哇——

咦，怎么变成了猪宝宝？

这次可是真的哟，

哇——

活动十：酸酸甜甜

宝宝目标

1. 在成人的逗引下，用手拨弄、抓握黄色的柠檬或者橙色的橘子。

2. 愿意舔舔酸酸的柠檬，品尝甜甜的橘子，感受不同的味蕾刺激。

活动准备

1. 人手一份材料：柠檬、橘子、点心盘（装 1 片柠檬、1 片橘子）。

2. 小桌子 1 张，水果刀 1 把，砧板 1 块，干、湿纸巾各 1 包。

活动过程

一、接待时光
二、问候时光 ⎫ 详见 7—9 个月亲子活动固定流程
三、韵律时光 ⎭

四、温馨时光

1. 教师出示柠檬，引发宝宝活动兴趣。

（1）教师将柠檬分别滚向每位宝宝，引导宝宝用单手或者双手抓住柠檬。

教师：咕噜咕噜，看看，是谁滚来了呀？

啊，原来是柠檬啊，黄黄的柠檬。

（2）养育人和宝宝面对面坐，带领宝宝运用多感官探索柠檬的特征。

找一找、摸一摸、抓一抓、闻一闻……

2. 教师出示橘子，引导宝宝感知其特征。

（1）教师将橘子分别滚向每位宝宝，引导宝宝用单手或者双手抓住橘子。

教师：咕噜咕噜，看看，是谁滚来了呀？

啊，原来是橘子啊，圆圆的橘子。

养育人目标：
1. 滚动柠檬或者橘子，引导宝宝双手或者抓住滚动的水果。
2. 宝宝品尝时，养育人重复词汇"酸酸的""甜甜的"。

养育人关注要点：
☞ 引导宝宝关注水果的滚动轨迹，愿意接触新鲜事物，大胆尝试主动伸手抓握，锻炼宝宝追视和手眼协调的能力。观察宝宝能否对移动的物体加以关注并准确抓握。

☞ 引导宝宝运用多感官体验柠檬和橘子的特点，通过感官游戏帮助宝宝发展认知、语言等方面能力，让宝宝在切身体会中获得第一手经验。

（2）教师：闻闻手里黄色的柠檬，再闻一闻橘子，都好香啊！

3. 宝宝与养育人自主摆弄柠檬和橘子。

（1）养育人辅助宝宝趴卧，引导宝宝翻身坐起找水果。

（2）养育人在宝宝视线正前方、斜上方等不同位置晃动柠檬或橘子，引导宝宝抓取。

（3）养育人和宝宝玩水果藏猫猫，将水果藏在手心、身上，引导宝宝找出水果。

（4）养育人用鼻子闻一闻柠檬、橘子，引导宝宝模仿闻一闻味道。

（5）养育人引导宝宝将柠檬、橘子交还给教师。

4. 教师现场在小桌上将柠檬切成两半，走近宝宝，鼓励其闻一闻。

> ☞宝宝对于新事物比较谨慎时，养育人可以"表演"尝一尝，引导宝宝尝试接受。

5. 品尝切好的柠檬片和橘子片。

（1）养育人用湿纸巾帮助宝宝将手擦干净。

（2）让宝宝自己在盘子里拿取水果片。

（3）当宝宝吃到柠檬时，养育人告诉宝宝"酸酸的"。

> ☞宝宝愿意接受水果时，养育人可以和宝宝说一说正在吃的是什么水果。

（4）当宝宝吃到橘子时，养育人告诉宝宝"甜甜的"。

（5）养育人帮助宝宝擦干净嘴巴和手，并把纸巾扔进垃圾桶。

> ☞养育人可以自备宝宝饮水杯，品尝柠檬、橘子后给宝宝喝点水漱口。

五、运动时光：妈妈腿上坐一坐

1. 教师抱仿真娃娃盘腿坐下，边讲解边示范玩法。

2. 养育人盘腿坐，宝宝坐在其腿窝里。

3. 养育人在教师的带领下，边念儿歌《妈妈腿上坐一坐》边做动作。

> ☞养育人通过亲子游戏帮助宝宝放松情绪，使其感受亲子游戏的舒适感。宝宝在感受上下晃动的同时也能促进前庭发育。

六、道别时光：详见 7—9 个月亲子活动固定流程

妈妈腿上坐一坐

宝宝宝宝你好呀，妈妈腿上坐一坐。

摇一摇、摇一摇，抖一抖、抖一抖，

妈妈扶稳倒一倒，倒一倒，起来咯！

宝宝坐在养育人的腿窝里，养育人边念儿歌边做出左右摇一摇、上下抖一抖的动作。

最后一句养育人扶稳宝宝的同时，自己向后仰倒再坐起。

活动十一：捉虫虫

 宝宝目标

1. 关注从纸箱洞洞中钻出的成人手指"毛毛虫"。

2. 在成人语言动作和表情的逗引下愿意伸出手拨弄或者指向抓住会动的"毛毛虫"。

 活动准备

人手一份材料：洞洞纸盒（箱）、发条虫虫玩具；能穿过纸盒（箱）洞的毛球、塑料小鸭、手指偶等（可替换）。

 活动过程

一、接待时光
二、问候时光　详见7—9个月亲子活动固定流程
三、韵律时光
四、温馨时光

1. 教师出示一个纸箱，引导宝宝关注。

（1）教师推动纸箱到宝宝面前，每位宝宝摸一摸、

养育人目标：

1. 将手指伸出纸箱洞洞时，养育人可转动手指，或者将手指伸进洞洞再伸出来，反复操作，吸引宝宝关注洞洞的变化。

2. 在手指"小虫虫"变出来时，养育人配合语言、表情和动作，表现出惊讶和惊喜，激发宝宝伸手抓取的兴趣。

养育人关注要点：

养育人引导宝宝探索洞洞，可以让宝宝抠一抠、摸一摸。此阶段是宝宝空间感发展的重要时期。宝宝通过钻、抠、摸等动作对空间中的事物进行探索。

29

拍一拍、抠一抠。

（2）养育人引导宝宝观察纸箱上的洞洞，鼓励宝宝把手指伸进洞洞再拿出来，感受洞洞的存在。

（3）养育人对宝宝说"洞洞"。

（4）教师可将手伸出纸箱，并给宝宝看看纸箱的背面。

2. 养育人和宝宝面对面互动，每人一个纸箱进行摆弄。

3. 教师表演"捉虫虫"游戏玩法。

（1）教师将手指从洞洞内伸出，做出"小虫虫"扭动的动作，吸引宝宝关注、抓握。

（2）在抓握到几次后，教师在宝宝快抓到时快速更换洞口，引导宝宝关注虫虫出现在哪里。

（3）教师出示手指偶，将其套在手指上，穿过洞洞引导宝宝观察。

4. 每个宝宝一个纸盒，养育人和宝宝互动游戏，教师巡回指导。

（1）养育人与宝宝面对面坐，玩抓握手指"虫虫"游戏。

（2）养育人逐一从洞里伸出毛球、塑料小鸭、手指偶等玩具，引导宝宝双手轮流进行抓握。

（3）养育人带领宝宝将纸箱、玩具归还给教师。

五、运动时光：捉虫虫

1. 宝宝摆弄毛毛虫玩具。

2. 养育人转动毛毛虫玩具的发条，让毛毛虫动起来。

（1）教师、养育人用发条毛毛虫在前方逗引，引导宝宝练习向前爬行。

（2）在宝宝爬行有困难的时候，养育人可以在后面推动宝宝的脚掌，辅助其向前匍匐爬行。

（3）拿到毛毛虫玩具后，宝宝用坐姿玩一会儿，再交还给教师。

六、道别时光：详见 7—9 个月亲子活动固定流程

> 养育人观察宝宝能否发现洞洞中伸出的物品，并用手进行抓取。

> 宝宝对手指"虫虫"关注度不够时，养育人可用夸张的语言和动作逗引宝宝。

> 宝宝能够关注并准确抓握时，养育人可提高难度，快速变换"虫虫"出来的位置，适时让宝宝抓住玩具获得成就感。

> 养育人引导宝宝关注毛毛虫玩具，观察其蠕动的轨迹。养育人尝试让宝宝往前爬一爬或向前挪动，锻炼宝宝的身体协调和运动能力。

活动 材料

洞洞纸箱

毛毛虫玩具

活动十二：抓小鱼

 宝宝目标

1. 能够追视晃动中的"小鱼"，单手抓住鱼竿上钓起的"小鱼"。

2. 配合动作理解"抓到了""没抓到"的意思。

 活动准备

1. 人手一份材料：木制平面小鱼、立体小鱼玩具各 4 个，配套鱼竿 1 根。

2. 大布圈 2 个（可替换为塑料圈、盆）、彩虹伞1 顶。

 活动过程

一、接待时光
二、问候时光 ⎫ 详见 **7—9 个月**亲子活动固定流程
三、韵律时光 ⎭
四、温馨时光

1. 教师出示鱼竿，引导宝宝观察。

养育人目标：

1. 关注宝宝的追视能力，鼓励宝宝抓住晃动的小鱼。

2. 用语言帮助宝宝理解是否抓住了小鱼，逗引宝宝的同时增加游戏的趣味性。

教师:这是钓鱼竿,有渔线和鱼饵。

2. 教师边示范动作边讲解"抓小鱼"的游戏玩法。

(1) 教师出示小鱼,用鱼竿钓起一条鱼。

(2) 教师逗引宝宝抓住鱼竿上的小鱼。

教师在宝宝面前边晃动鱼竿边说:"小鱼游,小鱼游,快来抓小鱼!"

教师用另一只手示范抓住小鱼的动作:伸出小手,对准小鱼,抓住它!

教师将抓下来的小鱼放进"鱼篓"里。

(3) 教师走近每个宝宝,依次让宝宝抓一条鱼竿上钓到的"小鱼"。

3. 宝宝人手一份平面钓鱼玩具材料,和家长面对面坐游戏。

(1) 教师提醒养育人注意小鱼不要离宝宝眼睛太近,晃动的幅度要适当,以让宝宝追视并抓住为宜。

(2) 鼓励养育人用"抓到了""没抓到"等语言逗引宝宝,增加游戏的趣味性。

(3) 教师在游戏过程中给每个宝宝增加一份立体小鱼,进一步玩"抓小鱼"的游戏。

(4) 养育人将所有小鱼放进"池塘"(大布圈),引导宝宝坐或趴卧在"池塘"边,将"池塘"里的"小鱼"全部抓出来。

(5) 养育人引导宝宝将抓到的"小鱼"放进小筐里,送还给教师。

五、运动时光:网小鱼

(1) 教师打开彩虹伞,鼓励宝宝摸一摸彩虹伞。

教师:彩虹伞好大好大哦! 它是五颜六色的,真好看,摸上去滑滑的。宝宝也来摸一摸吧!

(2) 两位教师分别拉住彩虹伞的两端,边操作边讲解游戏玩法。

(3) 教师念儿歌《网小鱼》,带领养育人和宝宝共同玩游戏。

六、道别时光:详见 7—9 个月亲子活动固定流程

养育人关注要点:

☞ 养育人观察宝宝是否能追视晃动中的小鱼。

☞ 养育人引导通过宝宝观察抓住晃动中的小鱼,培养宝宝追视能力及手眼协调能力。如果宝宝能准确且迅速地抓住小鱼,养育人可将小鱼提至不同高度,引导宝宝向上举起手臂,抓下小鱼;如果宝宝抓几次才能抓住小鱼,养育人可放缓晃动小鱼的动作,便于宝宝抓住。

☞ 彩虹伞色彩鲜艳、面积大,对宝宝来说有一定的视觉冲击力,养育人可以有意识地上下抖动彩虹伞并将宝宝和自己围拢在伞下,锻炼宝宝的胆量,同时增进亲子情感。

活动 材料

小鱼玩具、鱼竿

大布圈

儿歌 及玩法

网小鱼

（两名教师抖动彩虹伞与养育人面对面站立）

一网不捕鱼,（养育人抱着宝宝从彩虹伞下方钻过去）

二网不捕鱼,（教师和养育人换个方向继续游戏）

三网捕到一条大鲤鱼!（教师将彩虹伞围拢成圈,围住没有来得及钻出去的养育人和宝宝）

10 — 12个月教养内容与要求

10—12个月的宝宝运动能力大大提高,他们的躯干更有力量,平衡能力明显提升。扶着沙发或者桌子,宝宝可以顺利地站起来,有时候甚至可以扶着东西走几步。

这一阶段宝宝所发出的音节明显增加,而且不再只是音节的重复,语调也开始有变化。

宝宝可能对图形或颜色比较敏感,并且会尝试将物品的图片与生活中的物件联系起来;会通过手势表示需要;能听懂很多话;能完成单一指令任务。

宝宝能用自己的方式表达对养育人强烈的情感依赖,也能通过自己特有的方式做出回应。

 动作

1. 会手膝着地爬,且腹部不贴地面。
2. 自己能扶栏杆站起来,自己会坐下。
3. 手眼逐渐协调,会将大圆圈套在木棍上,从杯子中取物放物。

 语言

1. 能说出养育人的称谓,如"爸爸""妈妈""爷爷""奶奶"等。
2. 尝试发出新语音,如模仿小动物的叫声。
3. 对图画书表现出研究和探索的行为。

⭐ **认知**

1. 会用手指向自己熟悉环境中的物品。
2. 认识自己的五官,能听指令指认自己的耳朵、眼睛和鼻子。
3. 对发出声响、会动的玩具感兴趣。

情感与社会性

1. 能短时间内自己独立玩一会儿,并且能用点头或摇头表示同意或不同意。

2. 对主要照料者表现出明显的喜爱,开始听从看护者的劝阻。

3. 对同龄人表现出极大的兴趣,会互相凝视或彼此触摸。

10－12个月亲子活动固定流程

一、接待时光

（一）接待

教师热情地迎接宝宝,根据宝宝的接纳程度和宝宝抱一抱、拉拉手、笑一笑。

（二）自选游戏

1. 玩具摆放在地毯上,鼓励宝宝坐一坐或者趴一趴、看一看。养育人可以将宝宝关注的玩具摆放在宝宝能够到的位置。

2. 建议养育人和宝宝面对面用玩具进行互动游戏,教师关注宝宝的探究方法和探究兴趣。

（三）收放玩具

1. 教师播放音乐《虫儿飞》,引导养育人带领宝宝听到音乐后开始将地毯上的玩具收放回玩具箱中。

2. 建议养育人每次收放一件玩具,养育人观察、鼓励宝宝有意识地观看放玩具的动作。

二、问候时光:摇铃,你好

1. 教师出示摇铃,引起宝宝的兴趣:"宝宝你好!小摇铃找朋友!找到××好朋友。"

2. 教师依次鼓励叫到名字的宝宝坐在教师的腿窝里,面朝大家手拿摇铃用表情、动作来问好。

三、韵律时光:抱着宝宝去散步(播放《海琼斯小夜曲》)

1. 教师引导养育人抱着宝宝按逆时针方向站圆圈,做好跟随音乐散步的准备。

2. 教师抱着仿真娃娃走在前面,养育人抱着宝宝

养育人关注要点:

☞ 养育人抱着宝宝,面对教师,引导宝宝和教师打招呼,引导宝宝观察、尝试接纳陌生面孔。

☞ 养育人和宝宝一起玩玩具,熟悉环境、材料,减少宝宝的认生反应。

☞ 养育人有意识地让宝宝观看教师收玩具的过程,为今后养成良好的收玩具习惯打下基础。

☞ 宝宝感兴趣的话,养育人可以抓握宝宝的手,尝试做出抓、放玩具的动作。

☞ 养育人引导宝宝循声看人,面对教师、小朋友用表情和动作回应打招呼。

☞ 养育人在教师的带领下,抱着宝宝随乐行走,帮助其感受音乐节奏,增强亲子间的感情,并通过养育者下蹲、站起、旋转等动作,让宝宝感受空间的落差。

跟随,在教师语言、动作的提示下,养育人带领宝宝被动感知转圈、摇晃、下蹲、站起等散步动作。

四、温馨时光:详见具体活动

五、运动时光:详见具体活动

六、道别时光

1. 身体抚触操《快乐的农夫》。

教师带领养育人有规律地随乐抚触宝宝的身体,引导养育人与宝宝有眼神、语言交流。

2. 教师边唱《再见歌》边做动作,与养育人、宝宝道别。

☞养育人注意倾听音乐,尽量跟随音乐节奏抚触宝宝。初步了解每一个动作的价值,并按照教师语言和动作的提示,轻柔地抚触宝宝的身体,帮助宝宝放松肌肉。

☞养育人握住宝宝的双手随乐摆动,与教师及其他宝宝说再见。

摇铃

仿真娃娃

歌曲

再见歌

1=C 2/4 　　　　　佚名 词/曲

1 1　1 3 | 5 3 | 6 4 | 5 3 |
挥 挥　手 说　 再 见、 再 见、 再 见,

1 1　1 3 | 5 3 | 4 2 | 1 - ‖
挥 挥　手 说　 再 见, 说 再 见!

10 个 月

活动十三：摘苹果

 宝宝目标

1. 尝试用拇、食指对捏的方法将"果树"上的苹果"摘"下来。

2. 配合成人的语言、动作感受词语"摘""放"。

 活动准备

1. 人手一份材料：自制小果树，毛球、瓶盖、小雪花片等材料一筐（数量为能够摆满小果树）。

2. 透明罐子 1 个、装海洋球的箱子 1 个。

3. 自制苹果大树 1 棵（上面粘有反贴胶带的海洋球），用布遮住。

 活动过程

一、接待时光
二、问候时光 ⎬ 详见 10—12 个月亲子活动固定流程
三、韵律时光
四、温馨时光

1. 教师出示装有"苹果"（毛球）的透明罐子，引发活动。

（1）教师：罐子里有什么？罐子里有"苹果"。

（2）教师走近宝宝，每人从罐子里拿出一个"苹果"。

养育人目标：
1. 宝宝能用拇食指对捏的动作摘下"果子"。
2. 帮助宝宝在游戏中，理解动词"摘"与动作的匹配。

养育人关注要点：
养育人引导宝宝迁移"罐子玩玩"活动经验，伸手拿"苹果"。"罐子玩玩"中的是大球，宝宝需要五根手指抓握出球；而此活动中的是相对较小的毛球，可以引导宝宝将手伸进罐中，用拇指、食指抓捏出毛球。

（3）养育人与宝宝互动，握拳将"苹果"反复藏在手心里，引导宝宝掰开手指找"苹果"。

（4）反复游戏几次后，宝宝将"苹果"拿在手上。

2. 教师出示自制小果树，表演"果树长果子"的游戏。

（1）教师出示小果树：这里有一棵小树。小树上会长什么呢？

（2）教师将"果子"粘在树上：小树上会长果子，一个，两个，三个，长了许多苹果。

（3）教师走近宝宝，鼓励宝宝动手将自己手中的"果子"粘在树上。

3. 教师示范用拇指、食指对捏的方法，将"树上"的"果子"摘下来。

（1）教师：摘果子、摘果子，找到"果子""摘"下来。

（2）教师走到每个宝宝面前，依次让宝宝通过拇指、食指对捏的动作"摘果子"。

4. 宝宝人手一份材料，养育人带领宝宝互动游戏。

（1）养育人用语言、动作鼓励宝宝先将自己的一份"果子"全部粘在"树"上后，再一颗一颗地摘下来，将其放进小筐里。

（2）游戏完成后，养育人带领宝宝将材料送还给教师。

五、运动时光：摘"苹果"

教师掀开墙面盖布，展示墙边"苹果"（海洋球），引起宝宝抓取的兴趣。

（1）教师：这里有许多"苹果"，我们把它们摘下来。

教师边示范边讲解游戏玩法，帮助养育人和宝宝了解动作要领。

教师：我爬呀爬，爬到墙边，扶着墙站起来，一把抓住"苹果"摘下来。

（2）教师指导养育人逗引宝宝爬向墙边，扶墙站立"摘苹果"。

> 🐛养育人观察宝宝是用五指抓还是拇指、食指对捏"摘"下"苹果"。

> 🐛养育人可鼓励宝宝左、右手都试一试玩游戏；如果宝宝不能拇指、食指对捏摘下"果子"，养育人可辅助宝宝握住其余三指，帮助宝宝学习用拇指、食指对捏的方法游戏。

> 🐛在"摘苹果"的环节，养育人观察宝宝是否能够自己发现墙上的"苹果"，并"摘"下2—3个"苹果"，在训练下肢力量的同时也发展了宝宝的手眼协调能力。

（3）在教师的鼓励下，宝宝将摘下的"苹果"送给养育人、教师。

（4）教师将展板举高，使"苹果"朝下，引导宝宝站着面朝上够"苹果"，并一个一个摘来放进箱子里。

六、道别时光：详见 **10—12 个月亲子活动固定流程**

活动 材料

自制小果树和"果子"

自制苹果大树

活动十四：彩虹抽抽乐

⭐ **宝宝目标**

1. 在成人的逗引下，用手抓和拉不同材料的抽绳，愿意反复操作。

2. 在成人的带领下，愿意被拉住手臂，随着儿歌的语音和节奏向前向后。

⭐ **活动准备**

1. 人手一份材料：彩虹丝带盒、彩虹抽绳。

2. 仿真娃娃1个。

3. 音乐（钢琴曲）《夏日彩虹》《彩虹圆舞曲》。

养育人目标：

1. 通过拨弄铃铛发出声音，引导宝宝注意观察罐子外侧的铃铛，尝试用手或者手指抓取。

2. 通过语言和动作结合，在宝宝拉抽绳或玩运动游戏时重复说"拉"，帮助宝宝建立语言和动作之间的联系。

⭐ 活动过程

一、接待时光 ⎫
二、问候时光 ⎬ 详见 **10—12 个月亲子活动固定流程**
三、韵律时光 ⎭

四、温馨时光

1. 教师出示彩虹丝带盒,引导宝宝关注盒子外侧的铃铛并拉取。

（1）教师将彩虹丝带盒放在身后摇晃,吸引宝宝关注铃铛发出声音的方向。

教师:宝宝们,这是什么声音呀? 声音是从哪里发出来的呢?

（2）教师从身后变出彩虹丝带盒,用动作引导宝宝抓取铃铛抽拉。

教师:宝宝看,盒子外面有小铃铛,用小手抓,用小手拉。

小铃铛的小尾巴变长了,变长了!

（3）教师走近每个宝宝,依次让宝宝尝试拉出长长的丝带。

（4）宝宝们人手一个彩虹丝带盒,养育人引导宝宝反复拉取游戏。（播放音乐《夏日彩虹》）

2. 养育人将丝带铃铛晃动发出声音,在宝宝周围摇一摇,逗引宝宝抓一抓。

3. 教师打开盒子,将丝带抓起往回拉装回盒子中。

（1）教师旋转拧开盒子,手拉丝带复位,引导宝宝观察铃铛尾巴变短的现象。

（2）教师摇摇丝带铃铛,引导宝宝调整体位由坐着转为趴着伸手向前抓取铃铛。

（3）教师播放音乐《彩虹圆舞曲》,养育人和宝宝互动游戏。

4. 教师出示彩虹抽绳,引导宝宝用不同的拉力拉取抽绳。

教师抓紧绳索,使劲往下拉取使其变长。

教师:宝宝看,长长的、长长的绳子,有红色、蓝色、

养育人关注要点:

☞ 在家可以将罐子、纸盒钻孔,用鞋带、丝带等不同材质的绳子自制玩具。不同材质的绳子可以锻炼宝宝的抓握能力和手眼协调能力。

☞ 养育人观察宝宝是使用手指捏取铃铛还是用手抓取铃铛。

☞ 宝宝不知道从何处进行探索时,养育人可与宝宝同时操作,引导宝宝观察模仿养育人的动作。同时摇动铃铛,吸引宝宝关注。

☞ 宝宝拉取成功后养育人要及时鼓励,丝带全部抽出后养育人帮助还原,引导宝宝用拇食指进行捏取,反复操作。

☞ 养育人在操作时,可帮助宝宝拿稳,使拉取时更加容易使劲。当抽绳阻力较大时,可以引导宝宝用手抓紧或者双手抓的方式进行摆弄。

41

黄色……使劲拉。

绳子一点一点地变长了。

5. 宝宝人手一个彩虹抽绳,养育人与宝宝面对面游戏。(播放音乐)

五、运动时光:抽抽拉拉

1. 教师用仿真娃娃边讲解边示范玩法。

(1)教师:宝宝仰面平躺或者与养育人面对面坐,养育人抓握宝宝双手随儿歌做出躺倒、拉起动作。

(2)教师带领养育人边念儿歌《抽抽拉拉》边做动作。

2. 宝宝坐起,养育人抓握宝宝一只手,边念儿歌边抚触、轻拔每一根手指,进行放松游戏。

六、道别时光:详见 10—12 个月亲子活动固定流程

> 养育人和教师一起念儿歌,和宝宝进行互动,感受儿歌的韵律和节奏。关注宝宝游戏体位是否舒适,根据宝宝游戏时的情绪状态重复游戏。

活动材料

彩虹丝带盒　　　　　　　　彩虹抽绳

儿歌及玩法

抽抽拉拉

抽一抽,红线线,(躺倒)

拉一拉,蓝线线。(拉坐)

抽一抽,黄线线,(躺倒)

拉一拉,绿线线。(拉坐)

宝宝宝宝真能干!(托住腋下举起、放下)

活动十五：脸儿痒痒

 宝宝目标

1. 在成人的逗引下,体会脸上有异物感并用手将脸上的纸条拿下来。

2. 根据成人语言和动作的指导,知道拿取身上或地上的纸条。

 活动准备

1. 人手一份材料:细长的彩色便签条(可替换为其他安全、不伤皮肤的黏性材料)。

2. 仿真娃娃1个。

 活动过程

一、接待时光
二、问候时光 〉详见 **10—12 个月亲子活动固定流程**
三、韵律时光

四、温馨时光

1. 教师出示长长的纸条逗引宝宝,在宝宝面前摇动纸条,引起宝宝追视。

教师:长长的、长长的纸条。

长长的纸条像彩带,长长的纸条像尾巴,长长的纸条还像什么?

教师挥动纸条,引导养育人回答。

2. 教师将纸条贴于脸上,并用手将纸条摸索拿下,引导宝宝观察、模仿。

(1) 教师:长长的纸条,和老师的脸蛋亲一亲。

咦? 长长的纸条粘在脸上啦。

用小手轻轻抓一抓,掉下来啦!

(2) 教师脸上贴若干张纸条,走近宝宝,请每个宝宝都抓一张下来。

3. 宝宝与养育人面对面坐,养育人与宝宝互动

养育人目标:
1. 有意识地引导宝宝体验脸上有异物的感觉,尝试用手去摸索,拿下纸条。
2. 用手带着宝宝感受纸条所在位置,运用语言和动作同时引导宝宝拿下纸条。

养育人关注要点:
☞养育人观察宝宝是否能够找到教师脸上的纸条并抓下。

☞养育人鼓励宝宝大胆伸手触摸教师脸上的纸条。

☞宝宝不愿意接受时,养育人可以将纸条贴在自己的脸上。

游戏。

（1）养育人将纸条贴在自己脸上，引导宝宝找到、抓取。

（2）将纸条粘于宝宝脸上的不同部位，如鼻子、额头、脸颊……

（3）养育人用嘴轻轻吹动或用手扇动，让宝宝体验痒痒的感觉。

4. 教师将纸条贴于自己或宝宝衣服上，引导宝宝抓取。

5. 教师将纸条贴于地面、墙面，引导宝宝抓取。

五、运动时光：挠痒痒

1. 教师用仿真娃娃边讲解边示范玩法。

教师：宝宝仰面平躺或者与养育人面对面坐。养育人摊开宝宝的一只手掌，边念儿歌边做动作。

2. 养育人对着宝宝的手掌、脚掌边念儿歌《挠痒痒》边玩游戏。

六、道别时光：详见 10—12 个月亲子活动固定流程

> 👀 观察宝宝是否能将所有的纸条都找到、抓下来。引导宝宝自己感受脸上的异物感，尝试用手摸索纸条的位置，对自己身体部位进行探索。

> 👀 养育人在宝宝游戏过程中，用语言配合动作帮助宝宝理解"抓下来"。

> 👀 养育人通过在宝宝手掌上点点点降低宝宝触觉敏感。养育人和教师共同念儿歌和宝宝互动，感受儿歌的韵律。关注宝宝游戏体位是否舒适，根据宝宝游戏时的情绪状态重复游戏，促进宝宝触觉发育。

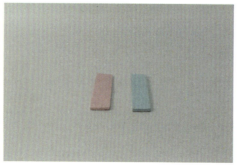

便签条

儿 歌

挠痒痒

一根手指头,点点点。两根手指头,剪剪剪。

三根手指头,弯弯弯。四根手指头,叉叉叉。

五根手指头,挠挠挠。挠宝宝痒痒咯!

活动十六：响瓶沙沙

 宝宝目标

1. 在成人的陪同下,能把塑料彩石全部装进瓶子里。

2. 摇动装有塑料彩石的塑料瓶,感受发出的声音。

 活动准备

1. 人手一份材料:透明塑料瓶 1 对(宝宝可单手抓握为宜)、塑料彩石若干、大龙球。

2. 音乐《小乌龟》。

 活动过程

一、接待时光

二、问候时光 详见 10—12 个月亲子活动固定流程

三、韵律时光

四、温馨时光

1. 教师出示塑料彩石,引起宝宝对小石子的兴趣。

(1) 教师示范两指捏的动作,捏起小石子。

教师:小石子! 捏一捏,捏不动,硬硬的!

养育人目标：

1. 养育人陪同在一旁配合宝宝动作唱数,感受声音、动作的一致。

2. 鼓励宝宝手拿响瓶有意识地摇,并发出声音。

（2）教师和家长一起点数 3 颗小石子,引导宝宝感受点数的动作。

教师:一起数一数有几颗? 1,2,3,共有 3 颗小石子。

（3）请每个宝宝从教师的小筐中两指捏出 1 颗小石子,抓、捏、藏、玩,感受小石子硬硬的特点。

（4）游戏结束,教师提醒养育人将小石子放在身后。

2. 教师出示塑料瓶,示范将小石子放进塑料瓶的动作。

（1）教师出示塑料瓶,示范打开塑料瓶的动作,引导宝宝观察瓶口。

（2）教师示范将石子放进塑料瓶的动作。

（3）教师走近每个宝宝,依次让宝宝尝试两指捏起 1 颗石子放进塑料瓶,养育人和教师观察宝宝手眼协调能力的发展水平。

3. 宝宝人手一份操作材料,教师提醒养育人指导宝宝用两只手分别试一试将石子放进塑料瓶。

4. 宝宝在养育人的帮助下,和教师一起随音乐《小乌龟》摇一摇塑料瓶,感受稳定的音乐节奏。

5. 游戏结束后,宝宝把塑料瓶交还给教师。

五、运动时光:大龙球

1. 教师出示大龙球,引导宝宝认识、感受大龙球的特点。

（1）教师边讲解边示范:这是大龙球,圆圆的、大大的,上面还有刺。大龙球会滚,大龙球会跳,大龙球还可以坐一坐、颠一颠,真舒服。

（2）养育人尝试抱着宝宝摸一摸、推一推大龙球,坐在大龙球上颠一颠,感受大龙球的弹性。

2. 人手一个大龙球,养育人与宝宝互动玩球。

3. 教师巡回指导,轮流陪每位宝宝玩一玩大龙球。

六、道别时光:详见 10—12 个月亲子活动固定流程

养育人关注要点:

☞宝宝初步感受数序及声音、动作的一致,为将来唱数、点数做准备。

☞养育人要在宝宝进行精细动作的训练活动时,看护好宝宝,预防宝宝把石子等细小物品放进嘴巴和鼻子里,造成危险。

☞宝宝会用两指捏,养育人可引导宝宝两只手都尝试捏起石子。如果宝宝不会用两指捏,养育人可以握住宝宝其余三指,只露出两个手指操作,让宝宝感受两指捏的动作要领。在日常生活中,养育人可以有意识地加强宝宝两指捏的相关训练。

☞此活动可以训练宝宝前庭平衡能力以及胆量(有些宝宝在第一次玩时会害怕,养育人动作幅度要小,可以慢慢地加大幅度)。此外,大龙球上面有凸出的颗粒,触觉敏感的宝宝会害怕,此球还可以降低宝宝的触觉敏感。养育人可以让宝宝多摸摸、拍拍,让其敢于接受新事物。

活动 材料

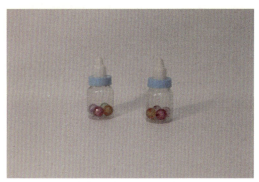

装有塑料彩石的塑料瓶

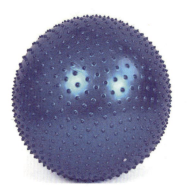

大龙球

歌 曲

小乌龟爬山坡

1=C 2/4

词曲 佚名

3 3 2 1 2 | 3 4 5 | 4 4 3 2 | 3 3 2 1 |

小 小 乌 龟 爬山坡，嗨嗨 哟，嗨嗨 哟，

3 3 2 1 2 | 3 4 5 | 4 3 2 3 | 1 — ‖

带着 面包 和糖果，嗨嗨嗨嗨，哟。

11 个月

活动十七：小球坐滑梯

 宝宝目标

1. 感受小球在黏黏的"滑梯"上会粘住,在光滑的"滑梯"上会滑下去。

2. 理解"光滑的""黏黏的"等词语。

 活动准备

1. 人手一份材料:白色平盘(即操作盘,盘子上从头到尾贴红、蓝两道即时贴,红色光滑面朝上,蓝色光滑面朝下);橡胶球、乒乓球、高尔夫球、毛球等不同类型与尺寸的球各 1 个,装在小筐里。

2. 海洋球池 1 个,大彩虹伞 1 顶。

⭐ **活动过程**

一、接待时光

二、问候时光 〉详见 10—12 个月亲子活动固定流程

三、韵律时光

四、温馨时光

1. 教师演示小球的各种玩法,激发宝宝玩小球的兴趣。

(1) 教师出示小球,引导宝宝观察。

教师:小球,是圆圆的。

（2）教师在地上示范滚小球、扔小球的动作。

（3）宝宝每人一个小球，养育人模仿教师示范动作，带领宝宝玩球。

（4）游戏结束时，养育人把小球收到身后。

2. 教师演示小球坐"滑梯"的游戏过程。

（1）出示操作盘，引导宝宝观察操作盘上两条不同的滑道。

教师走到每个宝宝身边，引导宝宝摸一摸"滑道"，感知有的是滑滑的，有的是黏黏的。

（2）教师演示小球坐"滑梯"的游戏过程。

教师将小球放在"滑梯"上，引导宝宝观察小球从光滑的"滑梯"上滚下来，在黏黏的"滑梯"上被粘住的现象。

给宝宝每人一个盘子，鼓励养育人引导宝宝摸一摸上面的"滑梯"，并用语言"光滑的""黏黏的"匹配宝宝感受，帮助宝宝积累相应的词汇。

（3）每位宝宝人手一份材料，养育人模仿教师的操作，带领宝宝共同游戏。

养育人和宝宝面对面坐，引导宝宝观察操作盘上小球的运动路线，并尝试抓住滚动中的或粘住的小球。

（4）游戏完成后，养育人引导宝宝将材料交还给教师。

五、运动时光：扔海洋球

（1）教师出示海洋池和海洋球，边示范边讲解游戏的玩法。

教师：宝宝坐在海洋池边，抓起小球，将其扔进海洋池中。

（2）宝宝坐在海洋池边，每人一篮海洋球，自主往球池里扔球。

六、道别时光：详见 10—12 个月亲子活动固定流程

> ✍养育人辅助宝宝用手指触摸"滑梯"，感受光滑的和黏黏的不同感觉。

> ✍养育人观察宝宝的视觉追踪能力，引导宝宝观察小球从光滑的"滑梯"上滚下来的运动轨迹。

> ✍养育人观察宝宝能否抓住操作盘上滚动的小球，如果宝宝不能一直追视，养育人可放慢晃动操作盘的速度，逗引宝宝抓住小球。如果宝宝抓住运动中的小球有困难，养育人可引导宝宝抓住滚动后被粘住的小球。

> ✍海洋池有一定高度，此时宝宝需要坐在池边抬起手臂做向前扔的动作，宝宝需要具备一定的手臂大肌肉力量及身体稳定性。养育人可以观察宝宝扔球时的身体动作及目的性，在家中也可以逗引宝宝从无意识扔到有目标地扔，双手都可以试一试。

活动材料

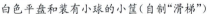

白色平盘和装有小球的小筐(自制"滑梯")

海洋球池

活动十八：打电话

 宝宝目标

1. 尝试用食指、拇指按电话按键。
2. 配合成人的语言感受、理解"按下去""弹起来"等词语。

 活动准备

1. 人手一份材料：玩具电话。
2. 毛巾毯。

 活动过程

一、接待时光
二、问候时光 ⎱详见 10—12 个月亲子活动固定流程
三、韵律时光
四、温馨时光

1. 教师和宝宝玩找电话的游戏,引起宝宝玩电话的兴趣。

(1) 教师在身后按响电话铃声,引起宝宝的注意。

(2) 教师反复藏电话,逗引宝宝转头寻找。

养育人目标：

1. 能够较细致地观察宝宝的动作情况和反应。
2. 宝宝在按下、松开手机按键时,养育人说出相应的动词,帮助宝宝积累词语。

养育人关注要点：

这个活动引导宝宝寻找看不见的物体,知道物体虽然看不见了,但是还是存在的。养育人回家可以拿一些发声的物品藏起来让宝宝去找,培养宝宝寻找的意识。

50

2. 教师出示电话,边说"按下去""弹起来",边示范用食指、拇指按键的动作。

3. 每个宝宝一个玩具电话,养育人和宝宝面对面坐,共同玩玩具电话。

（1）养育人在身后按响电话按键,宝宝伸头寻找。

（2）养育人引导宝宝左右手均尝试探索手指独立按键,帮助宝宝在按下、松开电话按键时,说出相应的动词。

（3）教师面对宝宝打电话,引导宝宝模仿养育人做打电话的动作进行回应。

4. 游戏结束后,养育人带领宝宝将电话交还给教师。

五、运动时光:"荡秋千"

1. 教师边将事先折叠好的毛巾毯逐层打开,将毛巾毯平铺在地毯上,用有趣的语言吸引宝宝亲近毛巾毯。

教师:哇! 好大的毛巾毯,宝宝们快来摸一摸,软软的……

2. 教师邀请一位养育人共同示范游戏玩法,引导宝宝和养育人共同观看。

3. 两位养育人合作,与宝宝共同游戏。

4. 游戏结束后,养育人叠起毛巾毯,送还给教师。

六、道别时光:详见 10—12 个月亲子活动固定流程

☞观察宝宝用手指按电话按键的动作,如果宝宝有困难,养育人可抓住宝宝手指,帮助宝宝感受按下去的力度,再引导宝宝尝试自己按一按,锻炼宝宝手指的独立性。

☞帮助宝宝在学习一个手指向下按和松手的动作时,说"按下去""弹起来"。

☞此环节通过左右摇晃宝宝,锻炼宝宝的前庭平衡能力及胆量。初次玩时,养育人的动作幅度可小一些,避免惊吓到宝宝,等宝宝适应了再逐渐加大幅度,同时注意保障宝宝的安全。

活动材料

玩具电话

毛巾毯

儿歌 及玩法

荡秋千

一二三,三二一,小宝宝,荡秋千,

荡过河,荡过山,一荡荡到白云边。

宝宝顺着毛巾毯的长度躺在毛巾毯上,两名养育人分别抓住毛巾毯的两端,按照儿歌节奏左右摇晃宝宝。当说到"白云边"时,同时将毛巾毯上举再放下,让宝宝感受空间的上下位移带来的刺激感。

活动十九:水袋玩玩

⭐ 宝宝目标

1. 愿意用手去触摸、抓捏水袋。

2. 多感官结合,理解"凉凉的""跑来跑去"等词语。

⭐ 活动准备

1. 人手一份材料:装有空气且扎紧袋口的塑料袋;水袋 A 里装有半袋水;水袋 B 里装有油和食用色素水;水袋 C 里装有水和纽扣或水和短吸管。水袋均用密封袋捏紧袋口后再用胶带粘紧。

2. 水地垫。

⭐ 活动过程

一、接待时光

二、问候时光 ⎱ 详见 10—12 个月亲子活动固定流程

三、韵律时光 ⎰

四、温馨时光

1. 教师出示密封袋,鼓励养育人与宝宝共同尝试用不同方式玩密封袋。

养育人目标:

1. 鼓励宝宝用手摸一摸、抓一抓,感受水袋的特点。

2. 根据宝宝的操作,用语言帮助宝宝感受、理解水袋中物品的变化。

教师:好玩的袋子来啦！爸爸妈妈们看可以怎么玩呢？（如抖动、拍打、装满空气后密封等）

2. 教师出示水袋 A,引起宝宝的兴趣。

（1）教师出示水袋,走近每个宝宝,依次让宝宝感受水袋的特点。

教师:请宝宝们来摸一摸、看一看,袋子里装了什么呀？

（2）宝宝人手一个水袋 A,自由玩。

教师和养育人共同关注宝宝用哪些方式玩水袋。

3. 教师出示水袋 B,示范用食指在水袋 B 外做点动、划动的动作。

（1）教师:点一点、划一划,颜色去哪儿啦？

（2）每个宝宝一个水袋 B,养育人和宝宝面对面坐,共同玩水袋。

（3）养育人引导宝宝用手指点、划、抓、摇等动作玩水袋,提示宝宝看"跑来跑去"的颜色。

教师在此环节中观察养育人引导宝宝的情况,鼓励养育人用语言讲述宝宝动作,如按一按、戳一戳,并学习其他养育人的玩法。

4. 教师出示水袋 C,引导宝宝观察水袋里物品流动的现象。

（1）教师出示水袋:哇！这次水袋里装了什么呀？宝宝们来玩玩看吧！

（2）教师鼓励养育人边引导宝宝用拍一拍、抓一抓等不同动作玩水袋,边说"小鱼游动起来啦！"

（3）养育人鼓励宝宝用自己不同的动作进行探索。

五、运动时光:水袋玩玩

1. 亲子游戏"送水袋"。

（1）教师一手拿一个水袋,做上下摇动的动作,引起宝宝模仿的兴趣。

教师:宝宝们拿起水袋,我们一起来跳"水袋舞"吧！

（2）教师边示范边讲解玩法,帮助养育人和宝宝

养育人关注要点:

☞养育人可抓住宝宝小手做出不同玩水袋的动作,也可帮助宝宝用身体的不同部位感受水袋的特点。

☞养育人可引导宝宝伸出手指做点一点、划一划的动作,训练宝宝的食指独立性。在家里也经常让宝宝用食指独立做事情,例如用食指抠洞洞。

☞养育人观察宝宝玩水袋的动作,如果宝宝愿意伸手拍一拍、抓一抓,养育人可引导宝宝观察水袋中的物品。如果宝宝对水袋的关注度不高,养育人可用不同玩水袋的动作逗引宝宝,如摇晃、抓捏、放在宝宝小腿上或胳膊上,让宝宝感受水袋的特点。

☞如果宝宝不愿玩水袋,养育人可抓住宝宝小手拍一拍、抓一抓水袋,帮助宝宝学习用不同的动作感受水袋的特点。

☞此时宝宝需要拿着有一定重量的水袋走一小段距离,锻炼宝宝小手五指抓握能力的同时锻炼手臂肌肉耐力。养育人也可观察宝宝能否听懂指令,有目的地走到教师面前。

了解动作要领。

教师:拿上小水袋,在养育人的搀扶下走到老师面前,送给老师。宝宝真厉害!

2. 踩踩水地垫。

教师将水地垫连接起来铺在地上,边讲解边做示范动作:养育人们可逗引宝宝从水地垫上爬/走过去,让宝宝用小脚感受水地垫的特性。养育人也可以和宝宝一起走一走,引导宝宝观察水地垫上的水流动的有趣变化。

六、道别时光:详见 **10—12 个月亲子活动固定**流程

活动 材料

各种水袋

水地垫

活动二十:拔萝卜

⭐ **宝宝目标**

1. 在成人的帮助下,尝试对敲节奏棒,为歌曲《拔萝卜》伴奏,感受音乐的节奏。

2. 在成人的动作提示下,理解"拔"的动作与语言的联系。

养育人目标:
1. 鼓励宝宝愿意模仿老师的动作手拿节奏棒对敲。
2. 玩游戏时同时说"拔、拔、拔萝卜",帮助宝宝理解拔起萝卜的动作。

活动准备

1. 人手一份材料：节奏棒1对（可用长条积木代替）、纸盒、小号拔萝卜玩具。

2. 大号拔萝卜玩具1套。

3. 音乐《拔萝卜》。

 活动过程

一、接待时光
二、问候时光 ｝详见 **10—12 个月亲子活动固定流程**
三、韵律时光

四、温馨时光

1. 教师出示大号拔萝卜玩具，引起宝宝活动的兴趣。

（1）教师出示大号拔萝卜玩具：大大的萝卜，小手抓住它，向上拔！

（2）教师走近每个宝宝，依次让宝宝拔一个萝卜，感受动作要领。

2. 教师出示小号拔萝卜玩具，引导亲子互动玩游戏。

（1）请一位养育人"拔萝卜"，其余养育人引导宝宝观看，了解玩法。

（2）宝宝人手一份材料，和养育人面对面游戏。养育人在观察宝宝操作时说"拔、拔、拔萝卜"。

（3）养育人与宝宝互动游戏，鼓励宝宝两只手都试一试，将萝卜拔出来再种回去，反复游戏。

（4）游戏结束后，养育人带领宝宝将玩具交还给教师。

3. 教师出示节奏棒"萝卜"，让宝宝学习为《拔萝卜》歌曲伴奏。

（1）教师出示节奏棒，引导宝宝观察，学习抓握的方法。

教师：长长的"萝卜"有两根，它们叫"节奏棒"。

小手打开，抓住它，这里敲敲，那里敲敲……

> **养育人关注要点：**
> 养育人观察宝宝动作是否自如，是否能找到所有的萝卜全部拔完，锻炼手眼协调性。

（2）亲子互动自主探索玩法。

教师：家长们说说节奏棒还可以怎么玩。

（可以敲敲地面、可以对搓、可以对敲、可以……）

（3）宝宝每人两根节奏棒，自主探索敲击方法。

（4）教师清唱歌曲《拔萝卜》，引导宝宝一起用节奏棒敲击伴奏。

（5）宝宝每人一个纸盒"小鼓"，养育人引导宝宝用节奏棒敲击"小鼓"随乐伴奏。

（6）活动结束后，养育人带领宝宝将材料归还给教师。

五、运动时光：拔萝卜

1. 教师和仿真娃娃面对面坐，边讲解边示范"拔萝卜"的游戏玩法。

教师：手握娃娃的大臂，跟随音乐，将娃娃从坐位变为平躺再坐起。此活动可以锻炼宝宝拉坐的能力，增强腹部肌肉力量。

2. 养育人和宝宝跟随教师的示范动作，一起听音乐玩游戏。

六、道别时光：详见10—12个月亲子活动固定流程

📖 养育人可观察宝宝手眼协调及双手配合的能力。首先要能握紧节奏棒，然后对准纸盒"小鼓"敲出声音。如果宝宝不能两只手配合玩节奏棒，养育人可先示范双手如何玩，或握住宝宝一只手，养育人另一只手拿节奏棒逗引宝宝做出对敲、对搓等动作；如果养育人单手逗引宝宝玩节奏棒，宝宝仍不愿参与活动，养育人可从背后握住宝宝的双手，帮助宝宝探索节奏棒敲击的方法。

📖 养育人用提拉动作帮助宝宝从平躺的体位坐起来，锻炼宝宝腹部的力量。

活动材料

拔萝卜玩具

节奏棒与纸盒

拔萝卜

1= F 2/4

词曲 包恩珠

```
5 · 6  1  | 3 · 2  1  | 5 · 3  2  | 5 · 3  2 |
```

1. (老 公 公 唱) 拔 萝 卜，拔 萝 卜， 嗨 哟 哟，嗨 哟 哟，
2. (老公公老婆婆唱) 拔 萝 卜，拔 萝 卜， 嗨 哟 哟，嗨 哟 哟，
3. (小姑娘同大家唱) 拔 萝 卜，拔 萝 卜， 嗨 哟 哟，嗨 哟 哟，
4. (小花狗同大家唱) 拔 萝 卜，拔 萝 卜， 嗨 哟 哟，嗨 哟 哟，
5. (小花猫同大家唱) 拔 萝 卜，拔 萝 卜， 嗨 哟 哟，嗨 哟 哟，
6. (小老鼠同大家唱) 拔 萝 卜，拔 萝 卜， 嗨 哟 哟，嗨 哟 哟，

```
5  5   5  5  | 2  3  2  | 5  5   5  5  | 2  3  1 |
```

嗨 哟 嗨 哟 拔 不 动， 嗨 哟 嗨 哟 拔 不 动，
嗨 哟 嗨 哟 拔 不 动， 嗨 哟 嗨 哟 拔 不 动，
嗨 哟 嗨 哟 拔 不 动， 嗨 哟 嗨 哟 拔 不 动，
嗨 哟 嗨 哟 拔 不 动， 嗨 哟 嗨 哟 拔 不 动，
嗨 哟 嗨 哟 拔 不 动， 嗨 哟 嗨 哟 拔 不 动，
嗨 哟 嗨 哟 拔 起 来， 嗨 哟 嗨 哟 拔 起 来。

12 个月

活动二十一：搅搅乐

 宝宝目标

1. 在成人的引导下，两只手分别都能做出单手搅动的动作。

2. 能在情境与成人语言的指导下，知道"搅"的时候会有"哗啦啦"的声音。

 活动准备

1. 人手一份材料：泡沫盆、硅胶勺、大颗粒玩具 1 小筐（装硅胶积木、大毛球、大串珠等）。

2. 两人一个大转碗。

 活动过程

一、接待时光

二、问候时光 } 详见 10—12 个月亲子活动固定流程

三、韵律时光

四、温馨时光

1. 教师出示大颗粒玩具，引起宝宝的兴趣。

（1）教师示范用手抓、放玩具的动作。

教师：玩具捏一捏，捏不动，硬硬的！捏得动，软软的！

（2）教师和养育人一起点数 3 个玩具，引导宝宝

感受点数的动作。

教师：和老师一起数一数有几个玩具，1，2，3，共有3个玩具。

（3）请每个宝宝从教师的小筐中抓取一个玩具，玩一玩，感受玩具硬硬的或软软的性质。

2. 教师出示泡沫盆，示范在盆中用手搅动玩具转起来的动作。

（1）教师将玩具散落在地垫上，示范爬到玩具前将玩具捡起放入盆中的动作。

（2）宝宝在养育人的逗引下捡拾玩具，教师提醒养育人指导宝宝两只手分别试一试将玩具放进盆里。

（3）教师示范用手在盆里做搅动的动作，引导宝宝观察玩具的变化。

教师：宝宝们看，玩具转起来咯！哗啦啦，哗啦啦。

爸爸、妈妈说说看，还可以怎么玩呢？

（如用手搅动、晃动盆、向上颠等）

（4）养育人和宝宝面对面坐，自由玩盆里的玩具。

（5）教师巡回观察，鼓励养育人借鉴他人经验与宝宝进行互动。

3. 教师出示硅胶勺，引发养育人和宝宝创造性的玩法。

（1）宝宝人手一把勺子，引导养育人观察宝宝用勺子做出哪些动作。如用勺拨弄盆里的玩具、用勺敲击盆边等。

（2）鼓励养育人尝试多种玩法与宝宝进行互动并用语言帮助宝宝认识自己的动作。如，宝宝做拨弄动作时，养育人可手把手和宝宝一起舀起玩具并说"舀，用勺子舀"；宝宝做搅动动作时，养育人帮助宝宝握住勺子手柄，边搅动边说"勺子搅一搅，玩具转一转"等。

4. 教师将盆里的玩具倒回小筐中，将盆反扣，示范用勺子水平运动敲击盆边。

（1）指导养育人模仿教师示范动作与宝宝互动游戏。

养育人先敲击，然后把勺子放在宝宝面前：宝宝，

> 将玩具放进盆里，实际上考查的是宝宝做事情的顺序性。日常生活中，养育人也可以让宝宝学会整理东西，养成整洁有序的生活习惯。

> 养育人可观察宝宝两只手是否都能做搅动的动作。

> 养育人观察宝宝做搅动动作时手臂的运动方式。有的宝宝表现为用手在盆中做上下拨弄或划动的动作，有的宝宝在使用勺子时表现为从下向上做挑的动作，养育人可抓住宝宝的手帮助宝宝感受搅动时手臂画圆或半圆的运动方向，锻炼宝宝手臂肌肉力量和协调能力。

> 将勺子从水平方向运动，反映的是手眼协调、对中位线和侧向运动能力。宝宝长大后，在打球、击鼓等活动中都需要运用这种水平方向的运动能力。

59

你来敲。

（2）宝宝在养育人的帮助下，和教师一起听着音乐敲盆，感受稳定的音乐节奏。

（3）活动结束后，养育人带领宝宝将材料归还给教师。

五、运动时光：大转碗

1. 教师边出示大转碗，边用有趣的语言吸引宝宝观察大碗转动的有趣现象。

教师：哇！好大的碗呀，宝宝们快快坐进来，转起来咯！

2. 教师邀请一位养育人共同示范游戏玩法，引导宝宝和养育人共同观看。

3. 两个宝宝共用一个大转碗，两位养育人合作，与宝宝共同游戏。

六、道别时光：详见 10—12 个月亲子活动固定流程

> 此环节通过旋转和摇晃宝宝，锻炼宝宝的前庭平衡能力及胆量。养育人通过抬起大转碗，帮助宝宝感受空间位移带来的刺激感。

活动材料

泡沫盆、硅胶勺、大颗粒玩具

大转碗

儿歌及玩法

大转碗

一二三，三二一，（顺时针转动大转碗）

小宝宝，快来玩，（左右摇动大转碗）

正着转、反着转，（逆时针转动大转碗）

大转碗呀真好玩。（养育人两人一起抬起大转碗再放下）

活动二十二：照镜子

 宝宝目标

1. 看画面和成人的脸部表情,分辨高兴与生气。
2. 在成人的逗引下,能模仿高兴、生气等表情。

 活动准备

1. 人手一份材料:手持 PVC 树脂小镜子;高兴、生气表情卡片。
2. 仿真娃娃 1 个。

活动过程

一、接待时光
二、问候时光 详见 10—12 个月亲子活动固定流程
三、韵律时光

四、温馨时光

1. 教师出示仿真娃娃,引导宝宝观察娃娃的脸,初步认识脸上的五官。

(1) 教师:大家好,我是漂亮的小娃娃。我有大眼睛,谁来帮我指出来? 我有小嘴巴,谁来帮我指出来……

(2) 教师走近宝宝,养育人引导宝宝在娃娃脸上指出对应的五官。

2. 教师出示给宝宝不同表情的卡片,引导宝宝感知表情。

(1) 教师:看看,这个宝宝怎么了?(高兴、高兴,笑眯眯)

(2) 养育人面对宝宝做出高兴的表情,重复说:高兴、高兴。

(3) 教师:看看这个宝宝怎么了?(生气、生气,皱眉毛)

(4) 养育人面对宝宝做出生气的表情,重复说:生

养育人目标:
1. 鼓励宝宝关注不同表情,在成人的逗引下尝试做出高兴、生气的表情。
2. 帮助宝宝理解表情和相对应的语言关系。

61

气、生气。

（5）教师第二次出示卡片，做出表情并提问，引导养育人帮助宝宝回答。

教师：这个宝宝是高兴还是生气？

3. 教师出示镜子，引导养育人抱着宝宝坐立，面对镜子玩游戏。

（1）教师：镜子，镜子，这是镜子。照照镜子，镜子里有谁？

（2）教师：宝宝在哪里？妈妈在哪里？

（3）养育人分别指一指自己或宝宝，引导宝宝看镜子。

如，可以先用手触碰宝宝的嘴巴：这是宝宝的嘴巴！

再抓着宝宝的手触碰自己的嘴巴：这是妈妈的嘴巴。

（4）教师引导养育人对着镜子边念儿歌边带领宝宝做模仿动作。

（5）养育人在镜子前做出一些夸张的表情，逗引宝宝做出高兴、生气的表情。

（6）教师引导养育人向镜子哈一口气，引导宝宝观察镜子由朦胧逐渐转为清晰的过程。

（7）教师带领养育人和宝宝面对面共同游戏。

根据宝宝的情绪状态，可替换"鼻子"处儿歌内容（眼睛、耳朵等），反复多次游戏。

五、运动时光：贴鼻子

1. 教师边念儿歌边和仿真娃娃面对面示范游戏玩法。

2. 养育人带领宝宝模仿教师动作玩游戏。

六、道别时光：详见 10—12 个月亲子活动固定流程

养育人关注要点：

☞ 此月龄段的宝宝多照镜子，了解自己长什么样子，有助于宝宝认识自己，继而再认识身体的其他部位。

☞ 养育人辅助宝宝自主照镜子，观察宝宝做出哪些动作、表情。

☞ 养育人观察宝宝能否指认自己的五官，如果宝宝能在养育人做动作后，迅速找到自己的五官，养育人可尝试只用语言提示，引导宝宝触碰自己的五官。如果宝宝在养育人示范后未能找到自己的五官，养育人可对着镜子触摸宝宝相应的五官，帮助宝宝认识五官。如果宝宝仍有困难，养育人可抓着宝宝的手触碰自己的五官，切不可指着镜子找五官。

☞ 养育人在哈气后，观察宝宝的反应，可根据宝宝的兴趣在镜子上画一画，引导宝宝观察印记出现、消失的现象。

 **活动材料**

高兴、生气表情卡与镜子

 **儿歌及玩法**

照镜子

照镜子,照镜子,
我(养育人)指指眼睛,
你(宝宝)指指眼睛,
我点点鼻子,你点点鼻子,
我拉拉耳朵,你拉拉耳朵,
我摸摸头发,你摸摸头发,
我张开嘴巴笑哈哈,
你张开嘴巴笑哈哈!

亲子游戏"贴鼻子"玩法:
小宝宝来玩吧,(养育人蒙上宝宝的眼睛,再打开)
大家来玩找鼻子,(养育人食指指到宝宝的鼻子)
一找找到小下巴。(养育人的手指从鼻子往下滑,一直刮到下巴)

活动二十三：爬爬乐

★ 宝宝目标

1. 愿意在不同材质的地面上爬行。

2. 在成人的帮助下，理解"爬一爬"的动作与语言的联系。

★ 活动准备

1. 人手一份材料：纸板、PVC 地垫、毛毯、抱枕。

2. 宝宝喜欢的小玩具（如前期活动出现过的摇铃、手指偶、小球、发条毛毛虫、能捏响的塑料小动物等，数量多于宝宝人数），仿真娃娃 1 个，干、湿纸巾。

3. 轻音乐。

4. 建议在户外安全地面（如人造草坪、塑胶操场）开展，并提前提醒养育人在宝宝吃过奶或喝水半小时后再参加此次活动。

★ 活动过程

一、接待时光
二、问候时光   详见 **10—12 个月亲子活动固定流程**
三、韵律时光

四、温馨时光

1. 养育人帮助宝宝脱掉鞋子，让宝宝用小手、小脚感受地面。

（1）养育人引导宝宝光脚丫在地面上四散爬行。

（2）拿到玩具后坐起玩一会儿，再次进行爬行练习。

（3）养育人带领宝宝将玩具交还给教师。

2. 教师分别出示纸板、PVC 地垫、毛毯。

（1）养育人引导宝宝逐一看一看、摸一摸、捏一捏、拍一拍、踩一踩。

（2）养育人在帮助宝宝感受材料的同时用语言辅助介绍。如，摸一摸，滑滑的；踩一踩，硬硬的。

养育人目标：
1. 引导宝宝知道在纸板、PVC 地垫等不同材质的地面上爬行的感受不同。
2. 用语言和动作逗引宝宝做爬的动作。

养育人关注要点：
☞此处根据宝宝的情况，养育人在前方用语言或玩具逗引宝宝向前爬行。

☞关注宝宝是否愿意摆弄不同材质的物品，了解宝宝的触觉敏感性。

（3）每个宝宝 3 块不同地垫（纸板、PVC 地垫、毛毯），宝宝自主摆弄。

3. 教师带领养育人将地垫布置成三条爬行道。

（1）养育人盘腿坐，宝宝坐在养育人腿窝中休息。

（2）教师用仿真娃娃示范游戏玩法：娃娃趴在地面，教师手膝着地俯身罩在娃娃上方。教师带领娃娃顺着一条爬行道向前爬行至终点。

（3）亲子游戏"爬一爬"，教师引导养育人带领宝宝在不同爬行道上都爬一爬。

（4）爬行道上增加抱枕"小山"，养育人在前方用玩具逗引宝宝向前爬，引导其从抱枕上翻过。

（5）养育人带领宝宝将地垫、抱枕交还给教师。

4. 亲子"过山洞"游戏。

（1）教师用仿真娃娃边讲解边示范游戏玩法：养育人坐在地上，躬腿摆出"山洞"造型，同时一手拿玩具逗引宝宝从自己的身体上翻过，或从"山洞"里钻过，拿到玩具。

（2）养育人找空地带领宝宝游戏。

（3）游戏结束后，养育人带领宝宝将玩具交还给教师。

5. 养育人用干、湿纸巾将宝宝手脚擦干净。

五、运动时光：放松游戏

1. 教师播放轻音乐，用语言和动作带领养育人和宝宝一起做放松动作。

2. 教师：拍拍拍拍，宝宝小腿拍一拍。（养育人和宝宝一起从上至下轻拍宝宝腿部）

拍拍拍拍，妈妈大腿拍一拍。（养育人和宝宝一起从上至下轻拍养育人腿部）

大家抱一抱，高兴乐开怀。（养育人和宝宝拥抱并亲吻）

六、道别时光：详见 10—12 个月亲子活动固定流程

多让宝宝接触不同质地的物体，有利于提高宝宝的触觉敏感度。

养育人关注宝宝是否不同材质爬行道都尝试过，可以根据宝宝独走的发展情况辅助宝宝走或爬，辅助宝宝用小脚感受不同爬行道材质的特点。

如果宝宝仍在手膝爬行期，养育人可以观察宝宝手膝着地爬的协调性。当宝宝没有兴趣时，可在前方呼唤宝宝名字或用宝宝喜欢的玩具逗引宝宝；若宝宝仍不愿爬行，养育人可用毛巾毯托住宝宝躯干，以宝宝手膝可接触地面的高度，辅助宝宝爬行，感受不同材质的爬行道。

养育人此时注意扶稳抱枕，便于宝宝翻过。同时，观察宝宝能否有意识主动地做出向上抬腿、抬膝盖的动作。

宝宝的活动应遵循动静结合的原则，大肌肉运动后进行放松活动，有利于宝宝全身肌肉的放松与休整。养育人可以通过轻拍、按摩、抚触等方式，在帮助宝宝放松的同时也能增进亲子情感。

活动 材料

毛毯、纸板、PVC 地垫

抱枕

活动二十四：撒星星

宝宝目标

1. 拇指和食指配合抓捏碎纸，并松手撒在"星星"上。
2. 配合动作，感知理解"抓""撒""拍"等词语。

活动准备

1. 人手一份材料：底板 1 张（黑色即时贴小星星反贴在黑色底纸上），装有彩色闪光纸的小盘子，大操作盘，腕铃 1 对。
2. 湿纸巾 1 包，大彩虹伞 1 顶，仿真娃娃 1 个。
3. 音乐《一闪一闪亮晶晶》。

活动过程

一、接待时光
二、问候时光 ｝详见 **10—12 个月亲子活动固定流程**
三、韵律时光

四、温馨时光

1. 教师出示大彩虹伞。

66

（1）养育人和教师一起把彩虹伞铺在地上。

（2）养育人引导宝宝看一看、摸一摸、拍一拍、爬一爬彩虹伞。

（3）养育人带着宝宝找一种喜欢的颜色坐下来。

2. 教师出示碎彩纸，引起宝宝抓握的兴趣。

（1）教师示范单手抓、放彩纸的动作。

（2）教师走近每个宝宝，依次让宝宝抓、放一次。

3. 教师示范做出彩色星星，养育人了解制作方法及宝宝自己动手操作的部分。

（1）教师出示底板，示范揭开"星星"即时贴的动作。

（2）教师走近每个宝宝，依次让宝宝触摸撕下贴纸后的"星星"，感知其黏黏的特性。

（3）教师示范抓、撒、拍碎彩纸的动作，制作"彩色的星星"。

提醒养育人彩纸、星星都放在大纸盘里操作。

4. 每个宝宝一份材料操作，教师巡回指导宝宝和养育人共同制作"彩色星星"。

（1）养育人将"星星"撕开小口，让宝宝自己揭开余下贴纸。

（2）养育人鼓励宝宝先摸摸"星星"，感受其黏黏的性质。

（3）撒碎彩纸时，养育人引导宝宝对着星星撒一撒、拍一拍，并用语言讲解配合其动作。

（4）养育人带领宝宝把废纸扔进垃圾桶，将不用的材料放进小筐交还给教师。

5. 教师将宝宝的作品进行展览。

6. 宝宝在养育人的帮助下戴上手腕铃，和教师一起听着音乐《一闪一闪亮晶晶》拍手，感受稳定的音乐节奏。

五、运动时光：坐飞机看星星

（1）教师边念儿歌《坐飞机看星星》边和仿真娃娃示范游戏玩法。

（2）养育人带着宝宝共同游戏。

六、道别时光：详见 10—12 个月亲子活动固定流程

养育人关注要点：

☞ 了解宝宝的抓握能力，观察宝宝手指的灵活度。

☞ 在家可以举一反三地玩，让宝宝两只手都试一试抓米或沙。

☞ 养育人观察宝宝活动目的性，引导宝宝在大纸盘里进行活动。

☞ 养育人观察宝宝抓、撒、拍的动作，如果宝宝不会抓起小盘中的碎彩纸，养育人可帮助宝宝摆好抓的手指动作，握住宝宝手腕，在小盘子里抓起碎彩纸；如果宝宝仍不能做出抓的动作，养育人可握住宝宝小手，帮助宝宝感受抓的动作。

☞ 在玩游戏时，养育人尽量放慢语速，便于宝宝听清动词，发展语言能力。

☞ 养育人在辅助宝宝左右摇晃时，可在保证宝宝安全的前提下有意识地加大晃动幅度，促使宝宝每次抬起一只脚，帮助宝宝感受身体平衡；在旋转时，如果宝宝能适应可增加转圈的数量，促进宝宝前庭平衡能力的发展；宝宝悬空的高度也可观察其情况进行调整，锻炼宝宝的胆量。切记，抓住宝宝腋下悬空时注意力度，避免脱臼。

活动材料

底板、装有彩色闪光纸的小盘子、大操作盘　　　腕铃

歌曲

一闪一闪亮晶晶

1=C　4/4

```
1 1 5 5 | 6 6 5  - | 4 4 3 3 | 2 2 1  - |
一 闪 一 闪 亮 晶 晶，   满 天 都 是 小 星 星，

5 5 4 4 | 3 3 2  - | 5 5 4 4 | 3 3 2  - |
挂 在 天 上 放 光 明，   好 像 许 多 小 眼 睛，

1 1 5 5 | 6 6 5  - | 4 4 3 3 | 2 2 1  - ‖
一 闪 一 闪 亮 晶 晶，   满 天 都 是 小 星 星。
```

儿歌及玩法

坐飞机看星星

小宝宝真勇敢，（养育人扶住宝宝腋下站稳，左右摇晃）

坐飞机去游玩，（动作同上）

看星星眨眼睛，（养育人扶住宝宝腋下，顺时针旋转一圈落下）

看月亮笑盈盈。（养育人扶住宝宝腋下悬空，逆时针转一圈落下）

0—3岁托育机构各项规章制度

一 常见疾病预防与管理制度

1. 加强机构内卫生保健制度的日常落实和执行,对卫生消毒工作常抓不懈,坚持对室内空气、婴幼儿使用物品进行规范的清洁消毒。日常采用开窗通风的方法保持空气流通,发生传染性疾病或常见病高发时期采用空气消毒机对教室内的空气进行消毒。

2. 注重培养婴幼儿养成良好的卫生习惯,重点关注餐前便后和户外活动后洗手习惯、打喷嚏卫生规范等,并定期检查反馈。

3. 根据季节和疾病特点,加强平日的生活护理,增强户外体育锻炼,提高婴幼儿机体免疫能力。

4. 对新生家长进行病史询问,了解新生有无高热惊厥、癫痫、过敏性疾病(包括哮喘、食物过敏)、习惯性脱臼、先天性心脏病史,以便保育人员在机构内有目的地进行观察和护理。对贫血、营养不良、超重肥胖的婴幼儿进行登记和管理,并提供相应的照护。对药物过敏或食物过敏、先天性心脏病、哮喘、癫痫等疾病及心理行为异常的婴幼儿进行登记,按照要求进行规范管理。

5. 对婴幼儿在机构内突发性的发热、腹痛、腹泻及损伤等应及时在保健室观察和处理,并将病儿在园内患病及处理和治疗情况及时全面地交代给家长,以便病儿到医院进一步确诊治疗,对重病儿要及时通知家长或护送去医院。

二 传染病预防与控制制度

1. 按照婴幼儿年龄和季节要求协助完成预防接种管理工作。除有禁忌证外,做到一个不漏,全程足量,保护易感婴幼儿。入园时收取婴幼儿接种证,要求完成法定接种计划内疫苗的接种。查验新入托婴幼儿的预防接种记录和入托体检表,发现有漏种疫苗提醒家长及时带孩子补种。

2. 有婴幼儿常见传染病应急预案及上报流程。在传染病流行季节,加强晨间检查,严禁传染病儿入园,如发现有疑似传染病症状的婴幼儿,要求家长带去医院就诊或带回家进行隔离观察,排除传染病后方可入园。

3. 发生传染病后,及时启动应急预案,上报给相关上级部门,通知病儿的家长和班级老师做好相应的隔离预防和宣教工作。在疾控部门的指导下,对环境和患儿班级各种物品进行严格消毒处理(包括空气、玩具、茶杯、毛巾、被褥等),对患儿班级的其他婴幼儿按各种传染病规定的检疫期进行检疫。检疫期间不串班,不混班,不办理入托、转托手续,控制传染病的续发和蔓延。检疫期满无续发传染病例时方可解除隔离,传染病患儿痊愈后凭医院出具的复课证明方可入园。

4. 做好缺勤婴幼儿的追踪管理,并做好患病儿童记录。

5. 经常向疾控部门了解本地区的疾病流行情况,以便及时采取相应的预防措施。

三　健康检查制度

一、新生入园体检制度

1. 根据上级部门的要求,所有新入托的婴幼儿必须持市、区妇幼保健部门出具的入园体检合格证明后方可入园。转园的婴幼儿必须持原所在托幼机构开具的"转园健康证明"方可入园。离园 3 个月以上的婴幼儿需要重新体检方可入园。

2. 做好婴幼儿入托体检的统计和分析工作,开展特殊体质婴幼儿的服务工作,及时筛查出体弱儿和肥胖儿,进行专案管理。

3. 了解新入托婴幼儿的基本情况,包括既往病史、过敏史和生活习惯,做好特殊疾病(如哮喘、高热惊厥、先天性心脏病、食物过敏、习惯性脱臼等)的登记工作,便于后续生活中对其进行有针对性的观察和护理。

二、定期体检制度

1. 全园每位婴幼儿均建立健康档案(定期体检记录、预防接种查验记录)。按照要求定期进行身长、体重和头围的测量,做好生长发育评估,并及时反馈给家长。

2. 与辖区妇幼保健机构建立相关婴幼儿绿色转诊通道,及时进行评估干预。

三、晨午检和全日观察制度

1. 每天按照要求对婴幼儿进行入托晨检,认真做好一看,精神、皮肤和五官;二摸,有无发烧;三问,饮食、睡眠、大小便和患病情况;四查,有无携带不安全物品。发现问题及时处理,严禁传染病儿入园。晨检时接受有就诊病历需要服药的婴幼儿带来的药品,请家长做好服药登记工作,注明用药原因、药品名称剂量和服用时间,严禁婴幼儿私自带药入园或将药物交给班级老师。对晨检时情绪不好、在家中有轻微不适、当日患病的婴幼儿以班级为单位进行重点记录观察,予以特别关注。

2. 对晨检记录的需要在园服药和需要重点观察的婴幼儿,晨检后及时将情况记录到班级全日观察记录表上,提醒班级保育人员进行观察记录,从精神、食欲、睡眠、大小便等方面进行观察,发现问题及时处理,及时通知家长。

3. 保健老师在婴幼儿午睡起床时要各班巡视做好午检,发现异常及时采取相应的措施。

四、工作人员健康体检制度

1. 按照要求,新进人员和来园实习的老师需要到辖区妇幼保健机构进行体检,体检合格后方可入园上岗。

2. 所有工作人员每年按照要求体检一次,保健老师做好工作人员体检分析工作,发现患有不宜在托育机构工作的疾病的工作人员应及时让其离职治疗,待其痊愈后持医院证明方可恢复工作。(备注:凡有发热、腹泻等症状,流感、活动性肺结核等呼吸道传染性疾病,痢疾、伤寒、甲型病毒性肝炎、戊型病毒性肝炎等消化道传染性疾病,淋病、梅毒、滴虫性阴道炎、化脓性或渗出性皮肤病等疾病的工作人员须离岗,治愈后须持医疗卫生机构出具的诊断证明方可上岗。)

四　健康教育制度

1. 每学期根据婴幼儿年龄特点,结合不同季节和疾病流行等情况制订健康教育计划,并组织实施。

2. 加强健康宣传教育工作,提高保育人员和家长的健康防病知识水平,共同配合防治。健康教育的内容包括安全防护、膳食营养、疾病预防、母乳喂养、心理卫生以及良好行为习惯的培养等。健康教育的形式包括婴幼儿日常的健康课堂、向家长发放健康教育资料、卫生保健宣传网络平台、咨询指导、家长开放日、家长学校等。

3. 采取多种途径开展健康教育宣传。每季度对保育人员开展一次健康讲座,每学期至少举办一次家长讲座。每班有健康教育图书,经常组织婴幼儿开展符合年龄特点的系列健康教育活动。

4. 做好健康教育记录,定期对家长发放问卷调查,在婴幼儿良好生活卫生习惯养成、健康状况等健康教育效果评估上有资料可查。

五　膳食管理制度

1. 在食品监督部门的管理下,严格执行《中华人民共和国食品卫生法》,按要求申请办理卫生许可证和炊事人员健康证。制订并完善食堂各项管理制度,炊事人员在上岗前须经过儿童营养及烹饪知识的专业培训并取得上岗证,定期接受食品卫生的相关培训,增强食品安全意识。

2. 根据婴幼儿生长发育需要,提供合理饮食,保证营养素供给。按照婴幼儿的不同月龄段制订每周带量食谱,每周更换一次,食物品种多样化且合理搭配,每周食物种类达到 25 种或以上,其中优质蛋白每日摄入量达标,每月一次营养计算、分析及适当改进。炊事人员根据定量进行操作,不得随意更改食谱及定量。

3. 严格食品安全卫生要求,做好每日的饭菜保温和运送。送餐前消毒好餐车,在做好饭菜保温的前提下进行全封闭运送,并由专人运送,做好食堂卫生消毒工作记录。

4. 为有特殊饮食需求的婴幼儿(如有过敏反应、民族习俗要求等)提供替代性食物,从食物制作源头到食物分发过程中细致操作,各类人员(食堂人员、保健医生、班级老师和保育员)均知晓过敏婴幼儿的具体情况,杜绝发生差错。

5. 设有标识清楚的奶瓶存放处和母乳储存的专用冰箱,冰箱内有温度显示器,母乳储存标明日期及使用者,提供由婴幼儿家长委托的配方奶粉或辅食喂食服务,有专人管理调制配方奶,配方奶调制配备恒温保温瓶,水温不低于 45 摄氏度。对家长提供的婴幼儿奶粉或辅食实行登记制度和保管制度,在监控条件下进行喂食服务并做好相应的登记工作。

6. 在机构负责人的领导下,成立膳食管理委员会,邀请保育人员代表和家长代表参加,家长定期进食堂和班级查看膳食操作情况,品尝婴幼儿饭菜,对婴幼儿的营养供给和膳食费用的合理使用起监督作用。

7. 伙食费专款专用,师幼伙食严格分开,精打细算,婴幼儿膳食费用每学期盈余在 2%以内。

8. 充分保证婴幼儿饮水，1岁以内按需饮水，1—3岁每次饮水量为50—100毫升，每日上下午各1—2次集中饮水，并根据季节酌情调整饮水量。

六　伤害预防制度

1. 成立机构安全工作领导小组，建立安全管理网络，并落实一把手负责制。各类人员均签订安全责任承诺书，明确各人的安全责任，确保每一位婴幼儿的安全。

2. 每学期有安全工作计划和工作总结，留存各类安全培训过程性资料。制订各类安全制度和应急预案（防灾、防暴、防病），有外来人员出入登记制度、婴幼儿接送制度和婴幼儿出行及户外活动安全规范。有消防设备检查制度、设施设备安全检查及维护检修制度、监控视频存储和调取制度、食品安全检查制度，按照制度认真落实执行，其中有专人负责消防安全和食品安全，所有安全检查及维修工作有相应记录。

3. 营造安全环境，机构内设施设备符合安全要求，选用有安全质量认证的适龄的玩具和儿童用品，使用家具防护角，楼梯、厨房、开水间应安装护栏，随时排查和清除婴幼儿活动区域内的尖锐物品以及可放入口、鼻、耳的小物件或食品。配备防护器械（头盔、盾牌、警棍）和应急安全装备，安装一键报警器和各类消防设施，全覆盖的监控设备24小时运行且保存时间不少于90天。

4. 加强看护，确保婴幼儿在机构期间时刻不脱离成人陪伴或视线。在入托和离托环节，有办公室人员和安保人员在门口守护，在现场维护秩序及确保婴幼儿安全。婴幼儿午睡过程加强巡视和照护，每10—15分钟巡视一次，注意观察婴幼儿睡眠时的面色、呼吸、睡姿以及被褥情况。

5. 每学期举行两次各类防灾演习，人员以托育人员为主，带领婴幼儿熟悉应急撤离路线及方式，每学期举行一次防暴演习、传染病应急演习。保健室配有相关急救物资，每学期开展一次急救相关培训，主动学习并掌握婴幼儿意识、呼吸、心跳的判断方法以及不同年龄段婴幼儿的心肺复苏方法。

6. 每学期开展伤害预防教育和技能培训活动，有工作计划和工作总结。每月至少开展1次以安全为主题的教育活动，确保全体工作人员和婴幼儿受教育率达到100%，并定期向婴幼儿家长开展安全教育。

7. 购买一种托育机构责任类保险。加强与周边公安、联防、社区、街道等部门的联系，在重大活动时寻求保护、确保安全。

七　体格锻炼制度

1. 顺应婴幼儿运动发育规律,每学期有针对性地制订婴幼儿体锻计划,有组织地开展符合婴幼儿月龄特点的游戏和体育活动,尤其重视低年龄婴幼儿的体格锻炼。

2. 要创造条件,充分利用日光、空气、水等自然因素,利用室内外安全和开放的活动场地,每天要安排爬、走、跑、跳等大动作锻炼项目,锻炼婴幼儿的大肌肉运动能力。

3. 提供适宜且充足的材料,锻炼婴幼儿的精细动作技能。为1岁以内的婴儿提供满足抓握、捏、挤等动作的材料,为1岁以上的幼儿提供满足抓握、捏、旋转、拧等精细动作的材料。

4. 正常天气下,每天有充足的户外活动时间,避免婴幼儿久坐超过1小时,婴幼儿每日室内外活动时间不少于3小时,其中户外活动时间不少于2小时,乳儿班及小月龄段婴幼儿及特殊天气可酌情减少户外活动时间,冬季要加强锻炼。

5. 制订寒冷、炎热、雨雪天和雾霾等特殊天气的活动计划,安排好活动场地和活动时间,注意安全卫生。

6. 要经常锻炼并循序渐进。对个别体弱的婴幼儿要给予特殊照顾,对肥胖儿要有不同的锻炼强度。

八　卫生保健信息收集制度

1. 建立健康档案,包括所有工作人员健康合格证、婴幼儿入托健康检查表、健康检查手册、转园健康证明等。

2. 常规记录包括出勤、营养膳食、晨检及全日观察、健康体检、卫生消毒、常见病和传染病预防、安全防护、健康教育、母乳喂养资料等。

3. 做好每日、每周、每月的台账记录,记录规范,不错记、漏记、随意涂改,内容真实、完整,字迹清晰。根据上级部门的相关要求,登记收集整理各项卫生保健信息的电子和纸质台账并及时归档,工作资料保存3年。

4. 应用计算机软件对婴幼儿体格发育评价、膳食营养评估等工作进行管理。定期对婴幼儿出勤、健康体检、膳食营养、常见病和传染病预防以及意外伤害等工作进行统计分析,掌握婴幼儿健康及营养状况。

九　卫生与消毒制度

1. 每学期开学将机构室内外的包干区分配到人,并详细说明具体要求,建立室内外环境清扫检查制度。每周全面检查一次室内外环境卫生并记录,可邀请保育人员参加,共同管理监督园内环境卫生。

2. 清洁消毒工作包括日常清洁消毒、传染病预防性清洁消毒、传染病发生后清洁消毒,有具体要求和措施,并有相应的记录表。

3. 使用合格的消毒器械和消毒剂,做好空气消毒、物体表面清洁消毒、各类物品清洁消毒和手部的清洁消毒工作,并有防止二次污染的措施。

4. 活动室、卧室每日至少开窗通风两次,每次至少 10—15 分钟,不适合开窗通风时应采取其他方法每日对室内空气消毒两次。餐桌每次使用前消毒,水杯每日清洗消毒,餐巾每次使用后消毒,擦手毛巾每日消毒一次,餐具随用随消。门把手、水龙头、床围栏等经常触摸的物体表面每日消毒一次。室内采取湿式清扫方式清洁地面,厕所每日定时打扫,保持地面干燥,洁具专用专放并有标记。抹布和拖布用后及时清洗干净,晾晒干燥后存放。被褥每月暴晒 1—2 次,床上用品每月清洗 1—2 次,玩具每周清洗消毒一次,图书每两周翻晒一次。

5. 制订消毒设备使用时间表,按照班级的不同活动时间进行相应的室内消毒。

6. 培养婴幼儿良好的卫生习惯,定期检查督促,每学期末进行卫生习惯测查。

十　一日生活制度

1. 根据季节和婴幼儿的月龄特点制订婴幼儿的一日生活作息时间表,包括生活环节和游戏环节,环节转换平缓不急促,每天按照作息时间组织婴幼儿的教学活动和生活活动。

2. 一日生活安排遵循动静交替、室内外交替、自由和集体交替以及季节交替的原则,合理安排活动时间和顺序。6—12 个月婴幼儿一日身体活动时间至少每天 30 分钟,13—36 个月婴幼儿的各种程度的身体活动时间至少每天 3 个小时。

3. 婴幼儿每天久坐时间不超过 1 个小时。严格限制屏幕观看时间,2 岁以内不观看或使用电子屏幕,2—3 岁在机构内观看或使用电子屏幕时间每天累计不超过半个小时,每次使用时间不超过 10 分钟。

4. 灵活应对婴幼儿的睡眠习惯。对睡眠时需要安抚物的婴幼儿,在保证安全的前提下给予满足。对难以入睡的婴幼儿,采取一对一的陪护方式。根据不同月龄段婴幼儿的睡眠需求,保证睡眠时间:1岁以下婴儿白天可随困随睡,1—2岁幼儿白天午睡次数为2—3次,2岁以上幼儿每天一次午睡,托大班幼儿午睡时间不超过2.5小时。婴幼儿睡眠全程有班级保育人员值守,每隔10—15分钟进行睡眠巡视并做好相应记录,午睡过程观察婴幼儿睡眠时面色、呼吸及盖被情况,并及时调整睡姿,6个月以下婴儿保持仰睡姿势。

5. 保育人员通过恰当的方式正确识别并及时回应婴幼儿的情感需求。关注婴幼儿的生活护理,根据季节和气温情况及时给婴幼儿增减衣物、饮用温开水,提醒大小便并做好相应的护理。引导婴幼儿用语言或动作表达如厕需求,做好回应性照护,培养良好的卫生习惯和安全意识。在保证保暖、卫生、安全的前提下,照顾有便溺在身的婴幼儿,及时更换衣物并清洗干净让家长带回,同时关注婴幼儿的心理和情绪变化。

十一　促进母乳喂养制度

1. 按照相关要求和入托幼儿比例,有专用母婴室喂养哺乳间,方便母亲进行母乳喂养,并配备相应数量的尿布台、洗手池,有存放母乳的冰箱以及温奶器、奶瓶消毒器等。友好支持母亲母乳喂养,并保护母乳喂养者的隐私。

2. 向家长提供母乳喂养知识宣传和咨询服务,帮助家长更好地了解母乳喂养的优势和注意事项,提高母乳喂养意识和信心。

3. 每个婴幼儿有喂养计划并由专职喂养员全权负责,确保喂养过程安全可靠。喂养员需经过专业培训并取得相关资格证书,确保具备专业的知识和技能。

4. 每个婴幼儿的喂养过程做好详细记录并进行全面归档定期检查,确保信息的及时准确完整。

5. 规范管理母乳储存和处理进行,确保存储环境清洁卫生,储存时间不超过24小时。在储存和处理过程中的器具、母乳袋等要保持卫生、不交叉使用。

6. 推动母乳喂养文化普及,对员工进行母乳喂养知识教育和培训,提高员工母乳喂养的专业技能和服务水平,营造良好的母乳喂养氛围。

十二　回应性照护和早期学习制度

1. 组织全体保育人员学习《关于促进 3 岁以下婴幼儿照护服务发展的指导意见》的相关内容,领会文件精神,制订工作目标。

2. 关注婴幼儿精神和情绪变化,积极主动、全心全意地回应婴幼儿的心理和生理需求,敏锐、细心、耐心地时刻理解并回应婴幼儿的哭闹、语言、表情和动作,密切观察婴幼儿的动作、声音等线索,通过肌肤接触、眼神、微笑、语言等形式对婴幼儿的需求做出及时且恰当的回应,营造轻松愉悦的气氛。

3. 在喂养过程中注重与婴幼儿的互动,关注婴幼儿进食过程中反馈的信息,并能够正确解读、理解和及时反馈。

4. 提供符合年龄特点、形式多样、数量充足的玩教具和图书,在各类活动中渗透开放性教育理念,在游戏和生活活动中,通过婴幼儿的感官学习,鼓励婴幼儿自主、自由地获取多方面信息,使各方面能力得到均衡发展。

5. 定期组织教研活动,提升全体教工对婴幼儿的照护服务能力。

十三　婴幼儿信息管理制度

一、登记阶段

婴幼儿进入托育机构登记时,机构需要收集婴幼儿的个人信息,包括姓名、性别、出生日期、籍贯、家庭住址、父母或监护人信息、联系电话等。

二、在园阶段

1. 婴幼儿在机构活动期间,机构需要了解婴幼儿入机构时的生长发育、一日生活作息(睡眠时间、喂养方法等)和其他基础信息,并进行整理和更新管理。

2. 机构向养育人提供必要的婴幼儿信息服务和管理,包括考勤、生活照护情况等方面的信息,并加以记录和管理。

三、离园阶段

在婴幼儿毕业或者离开机构的时候,需要对婴幼儿信息进行整理、备份、存档等工作,确保婴幼儿离开机构后信息的安全。

托育机构提供相关的婴幼儿信息共享和传递服务需要遵循机构内部的制度规范进行科学管理和安全保障,以保护婴幼儿信息的安全和保密。

十四　托育机构婴幼儿接送制度

1. 家长陪同婴幼儿来机构,必须刷"门禁卡"或签到,之后方可进园。

2. 来园前家长应先检查婴幼儿的随身物品,发现危险物品应及时收取并对婴幼儿进行适当安全教育。

3. 家长接送婴幼儿应亲自与保育人员交接,将婴幼儿交到保育人员(家长)手中。

4. 家长不在规定时间内接送婴幼儿或中途接婴幼儿,必须与保育人员取得联系确认,由保育人员将婴幼儿送至大门口,亲自与家长交接婴幼儿。

5. 原则上由婴幼儿父母亲或爷爷奶奶亲自接送,家长如委托他人接送,应为年满18周岁的正常人且具备完全行为能力,未成年的兄弟姐妹、亲戚或体弱、行动不便的老人以及精神异常者均不能接送婴幼儿。

6. 如家长委托他人接送婴幼儿,请在接送前将委托人姓名、年龄、特征及与婴幼儿之间的关系通过书面或短信形式告知保育人员,方可履行接送手续。

十五　托育机构家长联系制度

1. 建立班级家长群,班级、年级组家委会(部分家长代表)。托育机构与家长保持密切联系,向家长宣传婴幼儿教育方针、政策,机构及班级活动情况、活动目标,和家长共同构建亲子活动,认真听取家长的反馈意见。

2. 召开家长会。每学期召开 1—2 次家长会,托育机构向家长汇报机构工作情况,并及时收集家长的意见和建议。

3. 举办家长学习讲座。每学期至少举办一次家长学习讲座,宣传科学育儿及保健保育知识、家庭教育方法。

4. 进行家访。

(1) 托大班婴幼儿入亲子机构前,每位婴幼儿家访一次。

(2) 婴幼儿三天(或三次)未入园,班级教师应主动联系或家访,了解其原因。

5. 开展家长个别预约交流或家长座谈会。

有计划、有目的地组织个别、集体形式的家园交流活动,每学期每位婴幼儿家长至少交流 1 次。

6. 举行家长开放日。

每学期至少一次，让家长了解婴幼儿在机构情况，了解教师工作，征求家长对机构工作的意见，共同做好婴幼儿的保教工作。

十六　社区服务制度

一、服务目标

托育机构应以服务社区为己任，为有需求的家庭提供优质的婴幼儿照护服务。

二、服务内容

加强与社区的联系与合作，面向社区宣传科学育儿知识，提供婴幼儿健康营养、科学照护讲座等公益性服务，主动参与社区公益性亲子活动等服务。

三、服务对象

托育机构应优先为社区内 0—3 岁婴幼儿提供服务，同时也可为有需求的家庭提供其他年龄段儿童的照护服务。

四、服务质量

托育机构应建立完善的服务质量管理体系，包括员工培训、服务标准制定、服务质量监控等，确保服务质量和安全性。

五、服务费用

托育机构应按照公开、公平、合理的原则制定服务费用，并公示收费项目和标准，接受监督。

六、服务时间

托育机构应根据社区需求和婴幼儿家庭的工作时间安排服务时间，确保婴幼儿家庭能够方便地获得服务。

七、服务环境

托育机构应提供安全、舒适、卫生的服务环境，包括但不限于场地安全、卫生清洁、空气质量等。

八、服务沟通

托育机构应建立有效的服务沟通机制，包括与婴幼儿家庭的沟通、与社区相关部门的沟通等，确保服务信息畅通、及时处理问题。

九、服务评价

托育机构应建立服务评价制度，定期收集婴幼儿家庭和其他利益相关者的评价意见和建议，及时改进服务质量和内容。

十七　托育机构来访人员登记管理制度

1. 认真做好来访人员登记工作(姓名、事由、电话号码、身份证号码)。

2. 来访人员需出示有效的身份证明文件。

3. 上级部门或有关单位来机构检查、联系工作,安保人员应认真验看其工作证或介绍信,做好登记,并与相关部门或行政值班人员联系。

4. 安保人员严格把守大门,拒绝一切外来推销人员入内。

5. 重大节假日,外来人员未经行政值班人员允许不得进入机构。

6. 来访人员携带物品来机构,安保人员应认真检查,确保安全后方可带入。

十八　从业人员管理制度

1. 托育机构从业人员应当具有完全民事行为能力和良好的职业道德,热爱婴幼儿,身心健康,无虐待儿童记录,无犯罪记录。

2. 从业人员符合相关工作人员准入制度要求。

3. 以参加集中培训、在线学习等方式,不断提高从业人员的专业能力、职业道德和心理健康水平。

4. 加强从业人员法治教育,增强法治意识。对虐待儿童等行为实行零容忍,一经发现,严格按照有关法律法规和规定追究有关负责人和责任人的责任。

十九　工作人员准入制度

一、人员要求

1. 严格准入,托育机构从业人员应具有完全民事行为能力和良好的职业道德。

2. 热爱婴幼儿,身心健康,无虐待儿童记录,无犯罪记录(全体职工)。

3. 托育机构负责人、保育人员、保健人员、安保人员等符合相应的职业资质。

二、人员资质

1. 园长。

(1) 身体健康,年龄不超过 60 周岁;

（2）具有大专以上学历；

（3）有从事儿童保育教育、卫生健康等相关管理工作三年以上的经历；

（4）经托育机构负责人岗位培训合格。

2. 教师。

（1）身体健康，年龄不超过 55 周岁；

（2）具有儿童保育教育相关专业背景；

（3）受过婴幼儿保育相关培训和心理健康知识培训并取得合格证；

（4）具有幼儿教师资格证或育婴员初级以上等级证书，有从事保育教育工作一年以上的经历；

（5）每年接受复训。

3. 保育师。

（1）身体健康，年龄不超过 50 周岁；

（2）高中毕业（或同等学力）；

（3）具有保育师初级以上等级证书或经托育机构保育师岗位培训合格；

（4）每年接受复训。

4. 保健员。

（1）身体健康，年龄不超过 50 周岁；

（2）具有高中以上文化程度；

（3）经过保健专业知识培训并取得合格证；

（4）每年接受复训。

二十　工作人员岗前培训和定期培训制度

一、培训方式及时间

采用理论和实践相结合、线上与线下相结合的方式。

每学年培训总时间不少于 120 学时，其中理论培训不少于 60 学时，实践培训不少于 60 学时。

二、理论培训

1. 法律法规和政策文件。《中华人民共和国未成年人保护法》《中华人民共和国母婴保健法》《中华人民共和国母婴保健法实施办法》《托儿所幼儿园卫生保健管理办法》等相关法律法规；《国务院办公厅关于促进 3 岁以下婴幼儿照护服务发展的指导意见》《托育机构设置标准（试行）》《托育机构管理规范（试行）》《托育机构保育指导大纲（试行)《托育机构婴幼儿伤害预防指南(试行)《婴幼儿喂养健康教育核心信息》等相关政策文件。

2. 职业道德。职业规范,职业责任,儿童权利保护,专业认同,人文素养,心理健康等。

3. 专业理念。儿童观,保育观,医育结合理念等。

4. 卫生保健知识。卫生与消毒,物品管理,生长发育监测,体格锻炼,心理行为保健,婴幼儿常见病预防与管理,传染病预防与控制,健康信息收集。

5. 安全防护。食品安全知识,环境与设施设备防护安全,婴幼儿常见伤害预防与急救,意外事故报告原则与流程等。

6. 生活照料。各月龄营养与喂养要点,进餐照护,饮水照护,睡眠照护,生活卫生习惯培养,出行照护等。

7. 早期发展支持。婴幼儿生理、心理发展知识,婴幼儿个体差异与支持,特殊需要婴幼儿识别与指导,活动设计与组织等。

8. 沟通与反思。日常记录与反馈,与家庭、社区沟通合作,家庭、社区科学养育指导,保育实践反思等。

三、实践培训

1. 卫生消毒。活动室、卧室等室内外环境卫生清扫、检查和预防性消毒,抹布、拖布等洁具的清洗与存放,床上用品、玩具、图书、餐桌、水杯、餐巾等日常物品的清洁与预防性消毒。

2. 健康管理。晨午检及全日健康观察,运动和体格锻炼,健康行为养成,计划免疫宣传与组织等。

3. 疾病防控。发热、呕吐、腹泻、惊厥、上呼吸道感染等常见疾病的识别、预防与护理,手足口、疱疹性咽炎、水痘、流感等婴幼儿常见传染病的识别、报告与隔离,贫血、营养不良、肥胖等营养性疾病,先心病、哮喘、癫痫等疾病婴幼儿的登记和保育护理。

4. 安全防护。窒息、跌倒伤、烧烫伤、溺水、中毒、异物伤害、动物致伤、道路交通伤害等常见伤害急救技能,地震等重大自然灾害的逃生流程与演练,火灾、踩踏、暴力袭击等突发事件的预防与应急处理。

5. 饮食照护。膳食搭配,辅食添加,喂养方法,进餐环境创设,进餐看护与问题识别,独立进餐、专注进食、不挑食等饮食习惯培养,辅助婴幼儿水杯饮水等。

6. 睡眠照护。睡眠环境创设,困倦信号识别,睡眠全过程观察、记录与照护;规律就寝、独立入睡等睡眠习惯培养,睡眠问题的识别与应对,婴幼儿睡眠的个别化照护等。

7. 清洁照护。刷牙、洗手、洗脸、漱口和擦鼻涕等盥洗的方法,便器的使用方法,尿布、纸尿裤、污染衣物的更换,便后清洁的方法,如厕习惯培养,婴幼儿大、小便异常的处理等。

8. 活动组织与支持。一日生活和活动的安排,生活和活动环境的创设与利用,活动材料的配备,动作、语言、认知、情感与社会性等活动的组织与实施,游戏活动的支持与引导,婴幼儿行为观察与分析,婴幼儿需求的识别与回应等。

四、培训原则

1. 岗位胜任原则。培训应以托育机构保育人员岗位要求为重点,通过系统培训引导与自主学习反思相结合的方式,促进保育人员明晰岗位工作任务,具备胜任岗位职责的基本知识与能力。

2. 需求导向原则。培训应以托育机构保育人员在保育工作中的重点和难点为出发点,综合考虑岗位需求和发展需要,按需施教,优化培训内容,确保保育人员所学即所需、所学即所用、学用相长。

3. 多元方式原则。培训应通过专题讲座、网络研修、研讨交流、案例分析、返岗实践等多元方式,借助互联网等手段,推动托育机构保育人员理论学习和实践观摩相结合、线上学习与线下研修相结合,提高培训实效性。

五、培训考核

培训考核内容分为理论考试和实践技能考核两部分,各级卫生健康部门负责对培训效果进行抽查。